# 資産税コンサル、一生道半ば

## タクトコンサルティングの40年

税理士
株式会社タクトコンサルティング会長
本郷 尚

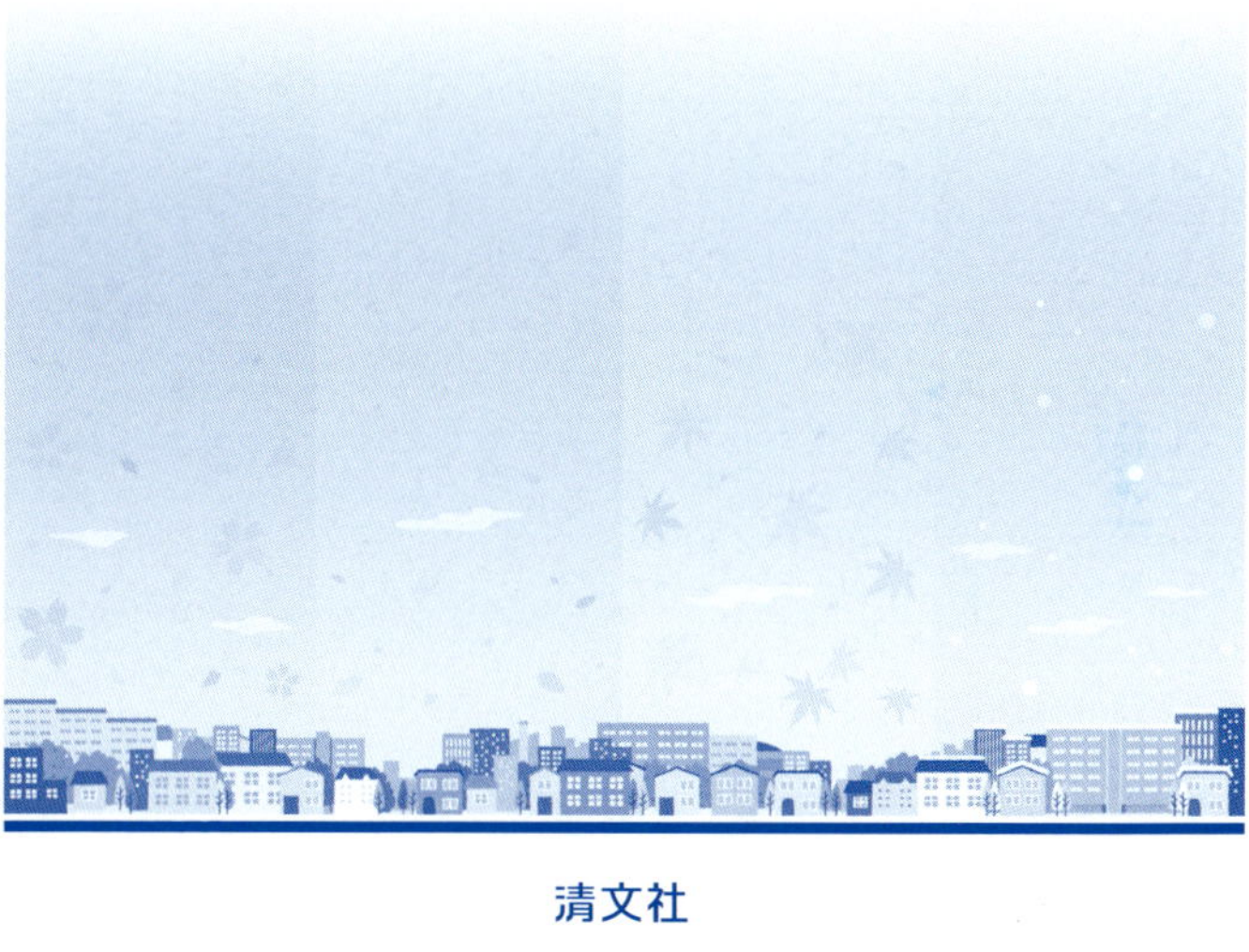

清文社

# はじめに

「本郷さん、これまでの税理士としての歩みを1年間の連載で書いてみませんか？」「税理士新聞」の編集者から声を掛けられ一瞬の戸惑いは生じたものの、その2秒後には「ハイ、やります」と快諾していました。

私は常に理屈よりも直感に従って行動してきましたが、このときも「やってみよう！」という直感が働いたようです。

もちろん、私の経験といえば、しくじったり空振りしたりの連続です。「私、失敗しないので」と、テレビドラマのように格好良く大見得を切ることなど、とてもできません。ただ、何度倒れようとも「私、挫折しないので」と、ひたすら前に進み続けてきました。

修業期間5年、横浜で開業して10年、資産税専門を掲げて新橋に移転して15年、念願の東京駅前へ進出して10年、さらに丸の内へ移転して5年――。横浜、新橋、東京と、まるで文明開化の足跡をたどるような私の税理士人生です。

働くとは、その字のごとく人が動くことです。頭の中で考えるだけでなく、実際に足を運び、自分の目で見つめ、耳で聞き、心で感じ、口で語り、そして手を差し出します。

相続の仕事は、人間が中心の家族の物語です。人間のドラマである以上、お客様の懐に飛び込まなくてはなりません。人は頭で考え、心で動きます。人の心に寄り添うことこそ、資産税の仕事の真髄です。

税理士という仕事は「数字を追うだけの無機質な職業だ」と言われることがあります。しかし、実際にはこれほど泥臭く、そして人間臭い仕事はなかなかないと私は思っています。お客様と一緒になって、悩み、考え、汗をかき、泣き笑いして、その先の〝幸せ〟を探し出す。税理士の真の価値は、単なる記帳代行でも申告業務でも節税対策でもないのです。

昨今、税理士はいずれＡＩ（人工知能）に取って代わられると、あきらめに似た声も聞かれます。しかしＡＩが顧客と真心を共にできるとは思えません。かつて「愛は勝つ」という歌が流行りましたが、同じ「アイ」でも、「ＡＩ」が「愛」に勝つことは今後もないでしょう。なんだか駄洒落のようになってしまいましたが、これは本書でもっとも強調したかったことでもあります。

私にとって初めての半生記です。本書から、私が人生を賭けた税理士業と資産税のおもしろさを少しでも感じていただけたら幸いです。

著　者

# 目次

## 第1章　横浜時代

# 第2章　新橋時代

## 第3章　東京駅前時代

対談　司会・構成●太田三津子
イラスト●工藤　六助

# 第1章　横浜時代

# 資産税コンサル、事始め

税理士になって、かれこれ40年以上になります。

資産税の仕事をしていますが、はじめから資産税一本に決めて、やってきたわけではありません。仕事の流れの中で自然と資産税一本に絞られてきたというのが正直なところです。儲かるから資産税のコンサルティングをするとか、資産税のマーケットがあるからやるということをはじめから計算していたわけではないのです。

もちろん、自ら選択して資産税の道を進みましたが、思い返してみると現場でのさまざまな気付きや仕事のおもしろさがあり、そんな中で自然と仕事が絞られていったのでしょう。そして現在でもお客様と向き合い資産税の仕事を現場でやり続けています。

資産税一本でやってきたとはいえ、今でも資産税コンサルティングは「道半ば」という感じです。きっと一生道半ばなのでしょうね。

## とにかく無我夢中だった20代

税理士として駆け出したのはまだ20代だった昭和48（1973）年。学生時代から税理士試験の勉強をしていたこともあり、運よく大学卒業と同時に税理士試験に受かることができました。これはラッキーでした。

最初の勤め先は、所長が国税局OBの先生の事務所でした。入所したときに「税理士試験ではどれくらい勉強したか？」と聞かれたので、「1日10時間ぐらい勉強していました」と答えると、「試験勉強で10時間もやったんだから、これから先、仕事するならあたり前にそれくらいやれ。まあ、勉強しながらな」なんて冗談半分に激励されました。

若かった私はそれを真に受けて、「がんばります！」という感じで猪突猛進、1週間のうち1日か2日は徹夜で仕事をしました。とにかく無我夢中だったのです。

先生はやり手で、顧問先にはVIPや大口の会社がいくつもありましたが、そうした大企業や資産家の仕事が、若い私のところにも回ってくるのです。「お前やれ！」

と。それをとにもかくにも引き受けましたが、その中に大きな問屋さんがあり、この会社を受け持ったことが、資産税コンサルティングの道へ進む大きなきっかけになりました。

もう、その会社の帳簿は、めちゃくちゃ。でも資産はいっぱいある。そのうえ大儲けしている。帳簿整理はとても大変でしたが、とにかく無我夢中で取り組みました。

## 「何をやっていたんだ！」が仕事の原点

はじめて勤務した事務所で、所長先生からいきなり大口の顧問先である問屋さんの担当を命じられました。その会社は、法人税はもちろん役員であるファミリーの所得税も億単位で納めているほどの企業だったことをよく覚えています。

ただ、蓄積利益が大きく株価は想像以上に高かったのですが、当時の私はそこまで意識するには至りませんでした。それが後に会社の相続問題でどんな影響が出るのか、そんなことまで分からなかったのです。

あるとき、70歳をちょっと超えたオーナー社長がボソッとひとこと、「俺も遺言書を書かないといけないかな」とつぶやかれました。ところが若い私は、その言葉の重要性を全く理解せずに「あ、そうですか」と生返事で受け流し、きちんと向き合って対応しませんでした。

ところが、一寸先は闇と言いますが、少ししてオーナー社長が突然亡くなられたのです。それからのことは、今でも思い出せば目がくらくらするほどの大変さでした。亡くなったオーナーには5人の子があり、後継者は30代後半の息子さんに決まっていました。会社設立時は、「旧商法」時代だったことから発起人が7人必要であったため、その人数分だけ株式を分散させていたのです。そのため後継者の経営権を確たるものにするべく株式を買い集めるのが一苦労でした。今でいう事業承継の一番難しい問題に直面したのです。しかも、この会社の株価が非常に高かったことも困難に拍車をかけました。

## 初めて味わった塗炭の苦しみ

本件は、オーナー一族の所得税が大変、会社の法人税が大変と、あらゆる面で大変続きでしたが、やはり一番大変だったのはケタ違いの額に上る相続税でした。最近も相続税増税による負担が騒がれていますが、当時は最高税率75％ですからレベルが違います。そのうえ、この会社は、企業防衛のための保険には一切加入していませんでした。株式の買取資金や税金でお金は出ていく一方です。

## 火中のカブを拾う

後継者には「全部税金で持っていかれるぞ、何をやっていたんだ！」と怒鳴られ、担当税理士として、はじめての「塗炭の苦しみ」を十分に味わわせてもらいました。

さらに、先代の奥様は病院に入っていた状態で、その後の二次相続も大揉めとなるのは目に見えていました。相続争いを防止するためにも急いで株式を買い集めなければなりません。もう、火事場どころか、戦場のような状態です。とにかく、事を納めるために走り回りました。今思えば、これが私の仕事の原点です。

# 成長のきっかけをつかむために

自分の経験から言えることですが、若いうちは、とてつもなく大変な仕事を何度も経験すべきだと思います。

私の仕事の原点となったはじめての事業承継の仕事は、遺産分割、納税、相続が複雑に絡み合い、まさに火事場の状態で、もはや節税も何もあったものではない修羅場でした。

当時は心労で夜も眠れないほど、本当に死ぬような思いでしたが、苦しみながらも逃げずに対処していったことで、若社長からは絶大な信頼をいただくことができ、一緒になって問題解決に向かって取り組むことができました。

そして弁護士さんや司法書士さん、もちろん銀行など、いろいろな専門家の力を借りることもできました。このときの弁護士は私より10歳年上でもまだまだ若手でしたが、込み入った相続・事業承継の難しい問題に果敢に取り組んでいくやり手の方で、私は「弁護士の力はすごいな」と感心したことを覚えています。

こうして、とにかく無我夢中でしたが仕事をやり通すことができたのです。事業承継も済み、若社長はそこから経営の拡大路線に入っていきます。会社を次から次へと3～4つつくって業態を広げ、いわばコンツェルンへの成長です。そうすると会社の数に応じて顧問契約も増えていき、このグループの顧問料だけで相当な額になりました。

会社は成長を続け、その中では不動産部門を切り離すといった、いろいろな事業の再編、増資、合併などの仕事を経験させてもらいました。

後日談になりますが、事業承継からおよそ8年後に若社長が交通事故で急死するという不幸がありました。それ以来45年間、私は経理担当であった奥様を仕事としてサポートするようになったのです。まさにドラマです。

この会社の担当を命じられ、そして危機を乗り切ったことが、私が相続や事業承継の仕事をしていくうえで重要なターニングポイントとなりました。

## 一度でも逃げれば即アウト

規模の大小はともかく、ターニングポインになる仕事は誰にもあるはずです。良い出会いは、なかなかないように思われるかもしれませんが、しかし、きっかけはあるのです。もちろん、きっかけになる仕事が、はじめから「これだ」と分かるわけではありません。だからこそ、どんな仕事であっても逃げてはダメなのです。

当事者として、がんばって解決していく経験をするといいと思います。その苦労は必ず次につながるからです。逃げてはダメです。仕事から逃げたり、すくんだりしたらその場でアウト。飛び込んでいって、なんとかする。これを乗り越えると、自信がついて一回り大きくなって、必ず力が付いてきます。

# 相続の現場で見知った「知恵」

私が担当した優良顧客である問屋さんには後日談があります。最初の相続からおよそ8年後に、事業を継いだ若社長が交通事故で亡くなってしまうという不幸で第二幕が始まります。

偶然にも、若社長は事故に遭う少し前に、もしものことに備えて生命保険に加入していました。株価が高く、相続税が多額で、さらに子どもがいなかったことなどを踏まえて話し合い、掛け捨てで3社の生命保険に入っていたのです。そのため、突然の不幸にもかかわらず、多額の保険金のお陰で相続税の心配はありませんでした。会社に入ってきた保険金をもとに奥様に死亡退職金も支払うことができました。

ただ、このときびっくりすることが起こりました。不慮の事故でしたので、保険金が割増で入金されたのです。退職金等の支払いにあたっては、功労加算金は付けましたが、社長はまだ若く、勤続年数は短かったため、当時の私の考えた退職金算定額ですと、保険金が圧倒的に多く、会社に残ってしまうことになってしまいます。

そこでこのとき、困っている私に一緒に仕事をしている弁護士が言ったのです。

「本郷君、奥さんの法定相続分が4分の3なら、配偶者の税額軽減も大きく、相続税の心配はないんだろう。絶好のチャンスじゃないか。命の値段で保険金が入ってきたんだから、会社に残す必要はない。子どものいない奥さんには、目いっぱい退職金を支払ってあげなよ」

それまで私の考えていた退職金の目いっぱいの金額とは、法人税法上の損金算入が認められる金額が上限でした。ところが、弁護士の考えはそうではありません。「出せるだけ出してしまいなさい」ということ。つまり、法人税が有税となる会社の利益処分でもよいから、高額な退職金を出しなさいということでした。

## 税理士は税法しか知らない

ここでようやく私は「そうか！　利益処分で退職金を支払えるのか」と気が付きました。確かに払えないことはありません。商法に基づく会社の意思決定であれば。法人税は、「高すぎる退職金は損金に認めない」と言っているだけです。

弁護士は、「奥さんは会社を経営するつもりはなく、会社はあるメーカーに引き渡すことになるから、会社からはお金を抜けるだけ抜いてしまえ！」というのです。

私は目を白黒させていました。そんな考え方は頭の隅にもなかったからです。「月給×勤続年数×功績倍率＋功労加算金」という考え方しかなかったのですから。このとき、「税理士は税法しか知らないのだ！」と思い知らされました。

一方、従業員の引き継ぎなどについては、弁護士や社会保険労務士などの専門家にきてもらって、プロの仕事を目のあたりにさせてもらいました。当時、世の中ではあまり注目されていませんでしたが、会社の引き継ぎ（今でいうＭ＆Ａ）に関して、こうした事件があったことで、一連の流れの中で貴重な経験をし、現場の知恵を体得することができました。

# 仕事の自覚と責任

問屋さんの二代目若社長の急死にともなう相続で、後継者がいなかったため、その会社とグループはほかの会社に事業を譲渡し、従業員等を引き取ってもらうことになった件をもう少し掘り下げてみます。

私はこのときはすでに独立し、弁護士や社会保険労務士といった専門家とともに仕事を進めていましたが、まだ35歳前後で税理士の駆け出しで、はじめて経験することばかりでした。いまでこそ、後継者のいないこうした事業承継・事業譲渡に関するノウハウや情報は巷にあふれていますが、30年以上も前は本当に徒手空拳でした。

事業譲渡にあたって弁護士からは、①譲渡する事業を継続すること、②従業員の生活が安定して職場にいられること、③オーナーの奥様の今後の生活が安定すること——など、ヒト、モノ、カネの流れの重要なポイントを教えてもらいました。事業譲渡の過程では、オーナーファミリーの不動産を事業と切り離し、事実上の「会社分割」

でＭ＆Ａをしたのです。

事業譲渡を進め、最後に不動産だけは残すようにしたのは、亡くなった若社長の奥様がこの不動産で賃貸業ができるようにするためです。

こうして、後継者がいないことで事業譲渡という形にはなったものの、無事に相続は完了しました。もちろん、税理士である私ひとりで解決できたものではありません。ほかの専門家とノウハウを出し合うことによって乗り切れた結果です。

このとき一緒に仕事をした専門家とは、現在まで30年以上にわたり良きパートナーとして質の高い仕事を一緒にしてきています。お互い切磋琢磨して成長した、まさに戦友です。そしてこのときのオーナーファミリーとは、その後ずっと40年来のお付き合いとなっています。

## 事件は現場で起き、仕事は現場で学ぶ

仕事をしていると、手に負えないような困難極まる事案が持ち込まれることはよくあります。いや、単純な話のほうがむしろ少ないでしょう。しかしそんなときでも、

経験のある先輩をとことん利用し、周りにいる誰かにアドバイスをもらいながらも、自分で頑張ってやっていくしかありません。勝手の異なる分野にまたがる内容なら、専門家の手を借りることもあるでしょう。そこで大切なのは、どんなに苦しみながらも、自分が仕事の「主役」になって取り組むということです。

私の好きな言葉に「事件は現場で起きる」があります。仕事は現場で覚えるものです。知識や知恵は、現場で実践し、自分で体感しなければ本物になりません。

今、弊社の若手Aさんは、当時の私の仕事の「ミニ版」のような事案に弁護士3人とともに取り組んでいます。基本的に私はサポートしているだけです。彼が自分でこの案件を何とか乗り越えたとき、きっと今より何倍も強くなっていることでしょう。

いつの日か、「あの仕事が税理士人生のターニングポイントだった」と彼自身で振り返るような仕事になればと願っています。

## 所長命令が災い転じて〝大福〟と化す

国税ＯＢの所長先生の事務所に勤務して3年目ぐらい、年齢では25～26歳くらいのときでした。当時はまだ不動産鑑定の基準がまとまったころで、地価公示制度の創成期だったような気がしますが、そんなときに所長先生が不動産鑑定士の資格を取ったのです。

とはいえ、鑑定実務は全くやりません。「公示価格調査の手伝いをしろ」と、私たち所員に仕事が回ってくるのです。私が税理士の試験科目に固定資産税と相続税をやってきたことから、「だからお前は詳しいだろう、やれ」といった具合です。

「詳しいだろう」と言われても、不動産の実務など私にはさっぱり分かりません。しかし所長先生の命令ですから、とにかく不動産業者のなかを右往左往しながら、取引事例を集めて、見よう見まねで取り組みました。公示価格調査をやっている先輩の不動産鑑定事務所へいって、やり方を教えてもらい、門前の小僧で公示価格調査の仕

事を覚えました。鑑定のモノマネと言っていいのかもしれません。
そして、なんとかその調査は終わらせることができましたが、不動産の仕事はそれだけではありませんでした。
所長先生が税理士であり不動産鑑定士であることから、土地評価精通者として国税の路線価の仕事を担うことになったのです。そこでまた私が代理としていくことになり、一応税理士という肩書を持っていますので委員の末席に着きました。
相続税における路線価の評価や、

固定資産税についてなど、ずいぶんと駆けずり回ったものです。

この間、私は、当然「素手」で戦うわけにはいかないと考え、不動産鑑定士の資格はとても無理でしたが、不動産取引などで必要な用語が分からないといけないので、宅建（宅地建物取引士）の資格は取得しました。

## 不動産の畑で育った実務の力

そうしたことを2～3年やらされましたが、気が付くと不動産業者の人脈がずいぶんとできていました。もちろん不動産鑑定士の人脈もできました。そして役所にも知り合いができました。

そのころには不動産のことにはかなり強くなっていました。どうしてこんな価格になったのか、どういう取引があったのか、どういう土地がいくらで売れたのか、そして売れないのか。そんな見方が自然にできるようになっていました。税務の評価の見方よりも実務、売れるか売れないか、土地だけでなく建物も含めて出口（売却）を強く意識できるようになりました。

また人脈ができたことによって仕事が回ってくるようになりました。「相続税の申告書で困っている人がいるよ、本郷さん、やらないか」と紹介されます。当時、相続税の申告書を書ける人は少なかったのです。年間に2～3件は納税額5億円以上の大口のお客様もきました。

これが資産税専門の事務所づくりのきっかけだったと思います。人脈ができたこと、情報が得られたこと、勉強ができたこと、これらが土台になりました。特に大きかったのはやはり人脈だったと思います。

無理難題の所長命令は、私にとってまさに「災い転じて〝大福〟」と化したのでした。

## 土地の見方を鍛えられた「バブル前夜」

所長先生からの指示で始めた公示価格調査の仕事ですが、３～４年やり続けていると生きた不動産の知識を現場から授かっていることを実感するようになりました。また、担当地域であった横浜周辺の司法書士、測量士、税理士、不動産業者など、いわゆる資産税に関わる人たちとの人脈もできてきました。

そのときはまだ、私は資産税に本格的に取り組もうとは考えていませんでした。ただ自分の中に「資産税分野での強みはある」ということは無意識ながらも芽生えていたと思います。その証拠に、資産税がだんだんと好きになっていったのです。渋々だった仕事が、楽しくて仕方がないと思えるようになってきていたのです。

まだ、不動産の動向に世間の耳目が集まる「バブル時代」ではありませんでしたが、その兆候は少しずつ現われていました。不動産価格の上昇・下落の波はあっても、それでも「地価は上がる」という土地神話が生まれ、「土地さえあれば」という

ようなムードが一気に流れてきたことで、不動産に関するニーズは高まってきていました
したから。

## 資産税をベースに不動産の〝目利き〟に

その「バブル前夜」に、私の足腰は資産税でしっかりと鍛えられていきました。お金が不動産に流れ込んでいく構造をしっかりと学び取ることができました。

この下地があったからこそ、バブル時代に私の仕事が一気に花開くといった貴重な経験ができました。不動産にも〝目利き〟というのがありますが、私は公示地価調査をはじめとする実務のお陰で、不動産に対してドライな見方ができるようになりました。土地を見るうえで重要なことは、公示価格や路線価は「売れた土地」(売買実例)を評価して、それに準拠して評価されているということです。逆に悪い土地、つまり売れない土地は「もう誰からも見向きもされないんだ」ということを、この修行期間にたたき込まれました。土地の目利きができるようになったことは、その後の私の仕事のうえで大きな財産になっています。

そして、不動産の価値や時価に関する見方が、節税という観点とは、まるで違うということがポイントです。これは少し、上から目線になるかもしれませんが、資産税を勉強するとき、ただ税法だけを学んでいたのでは実践的ではない気がします。ほかの視点を持たないと、お客様にとって本当に良い選択肢が見えなくなります。

「相続の現場で見知った『知恵』」の項に書いた問屋さんの二次相続の際の役員退職金の処理やＭ＆Ａのことでは、弁護士や社会保険労務士のものの見方が役に立ちました。それと同じように不動産の場合も、税理士が税金の視点だけで判断すると、不動産の入口だけしか見えません。出口（売却）が見えなければ最良の判断はできないのです。

# 現場で学んだ不動産の「出口」の観点

時代はちょうどバブル期に入っていきました。このころから私は不動産の税務に関する本を書き始めます。それまでに経験した相続案件の実務に基づき、昭和62（1987）年には『失敗しない事業用資産の買換え手引き』、『だれもが悩む底地・借地権の解決手引き』、『社有不動産の上手な買換え・分割・相続のやり方』（すべて中経出版）と、矢継ぎ早に世に問いました。

いずれも不動産の買換えによる税制上の特例の使い方や、買換えの後に現金化する方法などです。売れ筋だったのは、やはり現場の不動産の市場を見て書いたもので、平成元（1989）年に財産の組換えについてまとめた『不動産現金化のすすめ』はベストセラーになりました。

これらの出版は、私が本格的に資産税のコンサルティングを始める前でした。それでも、多くの人の手に取ってもらえる本を執筆することができたのは、それまでに経

験させてもらった現場の仕事が、「不動産とはどういうものか」をしっかりと理解させてくれ、そのことにより不動産市場の実態をいち早く知ることができるようになったことの賜物だと思っています。本当に運が良く、ありがたいことでした。

執筆にあたっては、「こうやったら税金は安くなる」といった節税ノウハウの書き方は戒めていました。また、当時から「アパートをつくって節税しましょう」とアドバイスする人はいましたが、これも私は避けるようにしました。もっとも、一部では書きましたが、私の意図する本筋ではありませんでした。その理由は、不動産の見方や、資産税の「入口」に対する観点が違ったからです。借金をしてアパートをつくって土地の評価を下げる、またはオーナーが法人化するといったことは、節税にはなりますが、ともすれば賃貸経営の本質と、不動産投資の「出口」が見えなくなってしまうからです。

## 単なる節税コンサルとの分岐点

不動産活用で大切なことは、いくら投資して（入口）、順調に経営して（中間）、そして最後に売却できるか（出口）です。土地所有者（地主さん）にこの点を理解してもらうのは大変ですが、資産税のプロである実務家にとっては重要な視点だと思っていました。

後年、本格的に取り組む資産税コンサルティングが、相続税の評価を下げることを主眼にした単なる相続節税策にならなかったのは、不動産が売れるか売れないかという「出口」の観点がベースにあったからです。コンサルタントとして重要な分岐点だったと思います。

この時期から、良い土地も悪い土地もみんな値上がりを始めていました。今から思えばまさにバブル前夜です。私が仕事で駆け回った神奈川県でも、駅から近い田畑の地価が何倍にもなったケースを見ました。坪単価10万円の畑が、あっという間に30～40万円になるのです。ある不動産鑑定士が「元がほとんどゼロだから、みんなびっくりするのはあたり前だ」と言っていたのを覚えています。業界にとっては良き時代と言えました。それはそれで良かったのかもしれません。

時代の空気を感じながら、私には徐々に資産税コンサルティングの仕事が増えてくる予感がしていました。

# 独り立ちへの階段

時代は少しさかのぼりますが、私がはじめて勤務した国税ＯＢ先生の事務所から独立したときの話をしておきます。

勤めてから辞めるまでは、あっという間の5年間で、私は28歳になっていました。独立を申し出ると所長先生は、「いいよ」と快く仰り、そして4～5件のお客様を「のれん分け」の形で引き継がせてくださいました。本当にありがたいことで、感謝の気持ちでいっぱいでした。

さらに先生は、下請のような形で何件かの仕事も回してくださり、お陰で独立しても食い扶持を得ることができたのです。私は、いつか立場が変わって自分がスタッフを送り出す際は、必ず温かく応援してやろうと思いました。もちろん、今もその気持ちに変わりはありません。

さて、独立して事務所は動き出したものの、実は私は法人税の記帳代行や申告は得意ではありませんでした。ただ運が良いことに、私より一回り年上でベテランのBさんが、独立間もない私の事務所に補助者としてきてくれたのです。

Bさんは仕事をまじめにコツコツとやるタイプで、典型的な会計仕事向きの人でした。税理士試験を3科目合格していたため事務処理も任せられ、また法人税の申告を引き受けてくれたので私は思い切って外に飛び出して、どんどん仕事を取ってくることができました。

こうしてBさんと事務所の経営に関わる相談をしながら、独立したばかりの事務所を育てていったのです。

その後、職員を2人、3人と増やしていきましたが、Bさんは新人全員の面倒もみてくれました。教育係も務まる、まさに得難い人材です。私は、こんな人が脇を固めてくれるかどうかで、会計事務所の発展が決まるのだなと実感しました。

所長自らが仕事を取ってきたうえで、事務処理をこなし、記帳代行を全部やって、新人に仕事を教えるというのは実際問題として困難です。Bさんのような大番頭が事務所を切り盛りしてくれるからこそ、所長は自由に身動きが取れるのです。私はつくづく運の良い人間なのだと思いました。Bさんは私の事務所で10年間サポートしてくれました。

## 唯一無二の大番頭のありがたさ

Bさんは私のところにきた数年後に税理士試験に合格しました。私は相変わらず法人税申告はBさんに任せていましたが、彼は相続税はあまり得意ではなかったため、これだけは私がやりました。年間に2～3件、多いときで5件ぐらいだったと思います。

当時はまだ「資産税」が注目されていた時代ではなかったのですが、資産税に絡む仕事はなぜか自然と舞い込みました。とはいえ、当時の私は「資産税に特化した会計事務所」に育てるというはっきりしたアイデアは浮かんではいませんでした。あくまでも「何でも引き受ける普通の事務所」としてやっていくつもりでいました。それが、その後に起こる〝ある経験〟から大きな意識革命をすることになるのです。

# 全国行脚で見出したチャンス

独立開業して5年経ったころ、7～8人の仲間と一緒に大手会計事務所への見学会を企画しました。成功している事務所は、実際にどのような仕事をしているのかを学ぶための実地調査です。自分たち自身は経営者として事務所をどう経営していくのかを自問しながらの旅でした。

仲間は期せずして同年代で、当時の年齢で大体30歳から35歳ぐらいの、税理士としてはまだまだ〝青い〟若手でした。みんな意欲満々で、この仲間たちと2泊3日程度の旅行をしながら、全国の事務所を一緒に回ったのです。

この勉強会が成功したのは、私が独立を機に加盟したＴＫＣという組織のお陰でした。駆け出しの税理士数名による「教えを請いたい」という突然の申し出に対して、各地域の大物先生が、ＴＫＣの会員ということだけで「朋《とも》あり遠方より来る」といった具合に快く受け入れてくれました。お忙しい中で時間を割いてくださり、見ず知らずの若造たちに胸襟を開いていろいろな話をしてくれたのです。

見学先には、顧問先を数百件も持ち、自社ビルを構えているような大きな事務所もありましたが、どの事務所もお忙しい中で顧問先拡大や新規獲得、事務所拡張など、売上に直結した話を中心にいろいろなことを教えてくださいました。こうした話は私たち若手にとって大きな刺激となり、そして希望に満ちた未来を与えてくれました。いま思い返しても本当にありがたいことです。

そしてもうひとつ良いことは、仲間たちとは特にライバル心があったというわけではないのですが、やはりお互いに刺激し合えたことです。現在は、皆がそれぞれの地域で活躍しています。いまでも本当に良い仲間です。

## 頭をもたげた〝天の邪鬼〟

この全国行脚は、お互いに情報交換をしながら5〜6年続けました。北海道から九州まで、さまざまな事務所で実に貴重な話を伺いました。

ただ、後半になってくると、私の「天の邪鬼」な性質からでしょうか、先輩方とは

どこか違ったことをやっていきたいという気持ちがふつふつと湧き上がってきたのです。顧問先を増やして、従業員を増やして、立派なビルを建てて、売上を上げて、というのは事務所経営の主流派のパターンであり、そうした先達の後追いをしていくことはあたり前のことです。ですが、「何か違う道があるんじゃないか」と考えるようになっていったのです。

そこで、事務所訪問にあたって、自分が取り組んでいた資産税に関する質問をぶつけてみることにしたのです。すると、大規模な事務所であっても、ほとんど資産税を扱っていない実情が見えてきました。見学先の多くが地方だったこともあるかもしれませんが、当時は東京や大阪などの都市部でも資産税に真剣に取り組んでいる事務所は少ないことが分かってきました。訪問先の先輩税理士に聞いても、「資産税はそんなにマーケットがあるわけじゃないから」と、ほとんどが否定的だったのです。

需要はあるはずなのに、専門的に扱っている人がいないということは、手つかずの市場ということです。私は数々の取材から「これは資産税にチャンスがあるんだ！」という確信を得ました。実際にやっていたこともあり、真剣に取り組めば成功できるという自信も感じるようになりました。

全国の先達からお話を伺う機会を得たことで、自分が進むべき方向性のカギを見付けることができたのです。チャンスとは、多くの人のつながりの中から見付けられるものだと実感しました。

## 先輩税理士の深い懐に感謝

全国各地の先生方の話は、まさに百聞は一見にしかずで、事務所の雰囲気がつぶさに分かり、資料もお客様の守秘義務に触れないレベルで全部見せてくれました。やはり、実際にその会計事務所へ伺って経営の姿を実際に目にして理解できるということは、若手税理士の胸に強く迫るものがありました。例えば、事務所に研修センターがあることを、自慢ではなく、実際に見せてくれるのです。当然「すごさ」を感じるわけです。

また、ある見学先の先生は、「顧問先の黒字化80％程度、赤字の会社はほとんどない」と話してくれました。これだけ聞けば、どういう指導をしているかが分かるというものです。「黒字化率何％。節税して赤字になんかさせない」と、こうしたことが堂々と言えるわけです。それだけで事務所の体質が見えてきます。

## 飛び込んだからこそ開けた道

当時一緒に全国行脚した仲間には、岐阜の高井法博税理士もいました。現在では岐阜で一番の会計事務所を経営している人ですが、今でも会うと当時を思い出しては「全国行脚に一緒にいって刺激を受けた」と言っています。

見学会で触発され、高井さんの事務所も研修センターをつくられました。高井さん自身が研修教育されることもあるほか、顧問先の会社が研修を行いたいというときは、「どうぞ使ってください」と言って無料で貸し出しているそうです。顧問先を思う気持ちには、まったく頭が下がります。

高井さんは平成28（２０１６）年9月に、事務所創立40周年を機に後継者に事業をバトンタッチされました。当時、これから大きくなろうという意欲満々のＴＫＣの若手のなかから、こんな立派な先生も出たのです。

若さに任せた会計事務所の全国行脚は5〜6年続きました。「飛び込んでいけば、道は開ける」ということを実地に教えてくれた得難い経験となりました。先輩税理士の皆さんの懐の深さに助けられたのです。そこで私は現在の資産税の仕事に可能性を見出すことができました。皆さんが資産税をやっていないのだったら、私がやってもいいじゃないかという気持ちが湧いてきたのは前に述べたとおりです。

ただ勉強を重ねるうちに、資産税だけで売上は安定するのか、本当に大丈夫かなという気持ちも同時に生まれていました。暗中模索の日々でした。

# 攻めの姿勢で横浜駅前に進出

私が資産税に本格的に取り組むきっかけになったのは、司法書士の山田晃久さんとの出会いでした。今でこそ、上場企業を抱える山田グループの代表として広く知られる人ですが、その働きぶりは当時から目を見張るものがありました。とにかくよく働く人で、朝から晩まで、まるでコンビニエンスストアのように24時間働きづめの仕事ぶりで、私は「司法書士にもこんな人がいるのか」と感心して見ていました。

当時、私の事務所の規模はまだ10人そこそこでしたが、山田さんはすでに20人ぐらいの所員を抱えていました。私たちは同じ年齢ということもあり気が合ったのでしょう、あるとき「横浜駅前に一緒に事務所を構えよう」という話になりました。

そのころは、今と違って司法書士や税理士は「ヘルプ」「サポート」的な業務というのが世間の常識でした。目立たず、こっそりと、前面に出てこない存在です。そのため、普通の感覚なら税理士や司法書士という業種で横浜駅前へ出ようなんていう気を起こす人はほとんどいませんでした。しかし山田さんも私も、「駅前に出なきゃだめだ。商売は人が集まるところでやるんだ」と、攻めの姿勢で意見がピッタリと合い、横浜駅前の天理ビルの隣にできた新しいビルに看板を掲げました。ここで私たちはグループをつくり、若手専門家なども交えて土地活用の仕事にバリバリと取り組むことになったのです。

## めぐり会わせから起きた「化学反応」

実は、私たちが横浜駅前に事務所を構えた理由はもうひとつありました。このころ三井ホームという会社が設立され、当時の赤井士郎社長に「一緒に仕事をしないか」と声を掛けていただいていたのです。その三井ホームが天理ビルに入っていました。当時、山田さんと私は三井銀行や三井信託銀行グループの仕事に取り組んでおり、赤井さんは私たちの仕事ぶりをスタッフから聞くなどして気に掛けてくれていたのです。そうして赤井さんから「三井ホームのなかに専門家グループを組織化し、総合研究所のような組織をつくってくれ」と、依頼を受けました。

さらにリクエストはこれにとどまらず、「土地活用で地主さんや家を建てる人のために、シンクタンクをつくってくれ」「本を書いてくれ」「セミナーをやるぞ」と続きます。本当にありがたいことでした。

赤井さんからは「全国展開するから動いてくれ、仕事はどんどん出すから」と発破がかかりました。私たちは一念発起してやろうと決心し、それから目を回すほど忙しくなりました。山田さんと私が中心となって、弁護士、測量士、司法書士、不動産鑑定士、そして宅地建物取引業者をグループ化して土地活用のプロジェクトチームを編成しました。もちろん、本も数冊発行し、多くのセミナーを開催しました。

「三井ブランド」のお陰で優良なお客様に集まっていただき、同時に優秀なスタッフのネットワークが構築されていきました。まさに不思議なめぐり会わせがもたらした「化学反応」でした。

## そして、バブル前夜

時代はバブル経済期に差し掛かっていました。地価が急上昇する兆しが現れはじめ、目もくらむ狂乱の時代を前に「土地活用」が脚光を浴び始めてきたのです。三井ホームの赤井社長の要請で始まった、土地活用対応の専門家チームの業務はいよいよ忙しくなり、私も資産税に関する仕事がおもしろく、どんどん魅了されていきました。

仕事は赤井社長から次々と降りてきます。この一連の忙しさの中で、かなりの経験を積むことができたと思います。資産税一本でやっていける自信にまでは至りませんでしたが、それでもこの仕事を通じて都心部にはＶＩＰと呼べる資産家が相当数いることが分かってきたことは大きな収穫になりました。

## 心底から肝を冷やして学んだこと

こうしたなか、私はこの仕事に就いて最初の、心底から肝を冷やす経験をすることになります。ある地主さんの相続税対策でしたが、大きな土地を活用する事案で、私はスーパーマーケットを建てることによる節税を提案しました。保証金と借入金を合わせて予算は5億円ほどの案件です。

建物の相続税評価額は2年後には1億円くらいになり、借入金と保証金の債務を相殺するとマイナス4億円です。土地は貸家建付地となって相続税評価額は約4億円と見込まれました。そこで、土地建物を合わせてプラスマイナス・ゼロとして贈与する方法、いわゆる負担付贈与を実行することにしたのです。当時は現在のように国税庁の通達で負担付贈与を譲渡とする規制はなされていなかったためです。

ところが、税務当局は贈与税の申告後にすかさず厳しい目を向けてきました。そこで資産税を専門にする国税ＯＢの税理士先生に相談したところ、「税法上は、相続も贈与も同じだから、その評価で通るだろうけど、相当痛い目に合うよ」とアドバイスをいただきました。いま思えばたいへん的確、かつありがたいご助言だったのですが、なにぶん当時の私は血気盛んな若造でした。「不動産取得税や登録免許税がかかるのは仕方がありませんが、しかし相続でこの評価です。それを贈与で使っても何も

問題ないはず。大丈夫です」と息巻いて、先輩先生の言葉に耳を貸しませんでした。

そして負担付贈与の実行を進めた結果、税務調査で当局から徹底的にマークされたのです。この事案では、保証金の1億5千万円は10年後から返済する契約でしたから、保証金の相続税評価は現在価値に引き戻すべきとして更正されました。そのほかは更正されずに済みましたが、税務調査で「対策の意図は何だ」「贈与の意思は建てる前から決めていたのか」等々、3か月間にわたり徹底的に絞られました。

これまで、こんな強烈な税務調査は受けたことがありませんでした。怖いもの知らずで突っ走ってきましたが、単なる世間知らずだったのです。本当に肝を冷やして生きた心地がしませんでした。アドバイスをいただいた国税ＯＢの先生からも「本郷さん、そういうことはやらないほうがいいよ」と諭されました。当局でも負債の相当額で譲渡したとの見方で否認する可能性もあったのだろうと思います。その後、負担付贈与をめぐり取り扱いが整備されたのは、ご存じのとおりです。

この件は、何とかすり抜けただけの話です。経験不足、思慮の浅さで、節税を売り物にすることのリスク、怖さというものを身に沁みて理解しました。私はこの経験を自ら〝一罰百戒〟としました。

# 〈対談〉あのころを友と振り返る (1)

伊藤正一法律事務所
弁護士

## 伊藤　正一　さん

税理士・司法書士・土地家屋調査士・不動産鑑定士と協働し、不動産の総合管理・処分・経営等に関するアドバイスおよび代理行為業務を行う。

伊藤正一さん（右）と著者

伊藤先生は優しく柔らかく温かい人です。
会って話すだけで、ほっとしてしまいます。
まるで仏様のようです。

――本郷 尚

## 偶然の出会いから、40年を超すお付き合いに

——最初におふたりが出会われたのはいつごろですか。

**伊藤**　私が29歳、本郷先生は28歳だったと記憶しています。昭和50（1975）年4月15日、偶然、同じ日に横浜青年会議所に入会しました。それがはじめての出会いです。

**本郷**　伊藤先生と私は、資格をとった時期も独立した時期もほぼ同じ。お互いに独立して少し経ったころでしたね。

**伊藤**　ええ。その後、本郷先生が私の事務所にきてくださったのです。私は引っ込み思案なほうですが、本郷先生は昔から積極的で明るい性格。年齢は私のほうがひとつ上ですが、本郷先生は実務経験を積んでいらしたので先輩みたいな印象でした。

——本郷先生は当時から行動派だったのですね。

**本郷**　相続や事業承継など資産税に関わる仕事をしていくには、い

ろいろな専門家とタッグを組んでいかなければできないと肌で感じていました。それで「同世代で息の合う弁護士さんとパートナーを組みたいな」と思っていたとき、伊藤先生と偶然お会いした。直感的に「この先生だ！」と思って飛び込んでいったのです。

## 「円満解決を」、互いの想いが一致して意気投合

――一目惚れですか。

**本郷**　ええ、まさに（笑）。伊藤先生は若いころからとても温厚な人柄で、弁護士なのに争いが好きじゃない（笑）。「円満に問題を解決しよう」という考え方は、私とぴったり肌が合いました。

**伊藤**　私も同じ気持ちでした。それまで税理士の先生とは全くお付き合いがなかったのですが、本郷先生とお会いして「同じような考えの仲間が近くにいる」と嬉しかったです。私が法律家を志し

たのは、中学生のころ、いろいろな争いを見てきたからかもしれません。「どうしたら人間は争わずにすむのか?」。その答えを求めて宗教書を読んだり、哲学書を読んだりしましたが、当時の私の頭では付いていけなかった。それで現実的に争いごとを解決する方法として、法律を一生の仕事にしようと思ったのです。もちろん、弁護士は依頼者の最大利益を図らなければなりませんが、円満に問題を解決したいという気持ちがいつもあります。

**本郷**　知れば知るほど人生観や価値観が似ているし、心から信頼できる。だから一緒に仕事をしているとすごく気持ちがラクなのです。難しい案件にも安心して取り組める。今でもそうですが、相談だけで仕事につながらなくても「今回はご勘弁」「いいですよ」とさらりと言い合える間柄。不動産関係の仕事が好きだったという共通点もあって、最初から話も波長も合いました。私はお世話になった事務所の所長先生が不動産鑑定士の資格をとった関係で、地価公示や路線価の仕事を経験していましたし、伊藤先生も似たようなご経験を積んでいらした。

**伊藤**　ええ。私も４年間お世話になった弁護士事務所のボスが、不動産関係の案件を数多く手掛けていたのです。そんなわけで借地借家をはじめ、不動産の登記や競売とか、そういう案件を数多くやらせていただいたので、不動産の仕事が好きだったのです。

## 同世代の弁護士、司法書士、税理士がタッグを組む

――本郷先生の横浜時代は、伊藤先生をはじめ専門家とのネットワークを広げ、本格的に資産税に取り組まれる土台をつくられた時代だったのですね。

**本郷**　そうです。実はもうひとり、横浜時代のキーマンに司法書士の山田晃久さんという方がいます。私たちと同世代ですが、後に

グループ会社を上場させたくらいパワフルな方です。彼は、私より一段も二段も高いギアでがんがん働いていました。この山田さんが私たちの切り込み隊長でしたね。

**伊藤**　一緒にゴルフをしても、終わってから事務所に戻って仕事をされるような方です。

**本郷**　年中無休、朝7時から夜11時までの「セブン‐イレブン男」でしたよね。当時、司法書士で事務所の上場を考えていた人は山田さんくらいじゃないでしょうか。

**伊藤**　そう思います。

――山田さんとはどういうきっかけだったのですか。

**本郷**　やはり不動産関係の仕事がきっかけでした。金融機関の不動産絡みの仕事をご一緒にさせていただいたのです。そのころ、三井ホームという会社が設立され、赤井士郎社長が、お客様の相談に応じたり、セミナーや勉強会を開いて資産家をサポートする専門家チームをつくって各支店で展開しようとされていた。そのモデルケースを横浜でつくることになり、赤井さんが私たちを引き込んでくれたのです。

――当時、ハウスメーカーで専門家による頭脳集団を組織し、戦力的に生かす動きはあったのですか。

**本郷**　極めて珍しかったと思います。三井ホームは先駆者でした。同業他社より高級志向で、三井のブランド力で資産家のお客様を集めていましたね。

**伊藤**　広告塔は吉永小百合さんでした。都心部に外国人向けの賃貸住宅をつくるといった、ハイエンド向けの土地活用も手掛けていました。

**本郷**　三井ホームさんは資産家のお客様が多かったのです。ｗｉｎ-ｗｉｎの関係でたくさん仕事をさせていただきました。今でも三井ホームさんや当時のお客様とのお付き合いが続いています。

## 仕事の幅を広げた横浜時代

――横浜時代に、3人で組んだお仕事で印象に残っているプロジェクトはありますか。

**伊藤**　私が一番記憶に残っているのは、横浜市営地下鉄ブルーラインのセンター南駅のショッピングセンターですね。駅前には区画整理で何十人という地主さんがいらした。彼らの短冊形の土地をどうまとめて建物を建てるかというスキームづくりから参画し、侃々諤々議論した思い出があります。

**本郷**　覚えていますよ、とても複雑な案件でしたね。ところで、地主さんの土地にプールをつくり、スイミングスクールの運営会社に賃貸するという案件を覚えていらっしゃいますか。

**伊藤**　ええ、特殊用途建物の事案ですね。

**本郷**　３年ぐらいかかりましたね。なにせ「水物」でしたから（笑）。

**伊藤**　特殊用途で代替が効かない、リスクヘッジが難しい案件でした。

**本郷**　特殊な建物ですから、運営会社が潰れたり撤退したりしたら出口が見つからない。私たちがリスクばかり指摘するので、最後には煙たがられてしまいましたよね。結局、私たちは途中で離れたのですが、後に心配したことが現実になりました。土地活用の怖さを知った案件です。

## 本当のプロなら、お客様に苦言を呈する勇気が必要

**本郷**　横浜時代にこうした経験をたくさん積んだので、私は今でも

土地の有効活用に対しては懐疑的なのです。20年、30年先は誰にも読めない。20年、30年のローンを組んで出口のないものをつくってしまったら、オーナーさんにとっては地獄です。勧める側は「借り上げますから大丈夫ですよ」と言いますが、その会社が30年後まで残っているでしょうか。大体、30年間確実に儲かるような事業なら、企業が自分でやりますよ。

――本郷先生は今でも賃貸住宅事業のリスクを指摘されていますね。

**本郷**　「借金をしてアパートを建てれば節税になる」とよく言われますが、それは勧める側の論理。節税なんて、実際の事業にとっては二の次、三の次です。一番大事なのは、賃貸市場はどうか、将来にわたって需要が見込める立地かを見極めること。

**伊藤**　そういうことをはっきりと言われる税理士さんはなかなかいません。

**本郷**　苦い経験や痛い目に合って分かったのです。お客様から嫌われても、言わなければならないことは言わなければいけない、とね。

**伊藤**　確かに、やってはいけないことはやってはいけない。あたり前なことですが、強い信念を持っていないと貫けることではありません。

## 揺るぎない姿勢は精神的な支柱から

――おふたりとも信念を貫いて仕事をされていますが、そうした精神的な支柱をどうやってつくられたのでしょうか。

**伊藤**　本郷先生のお陰です。若いころ、本郷先生から薦められたデール・カーネギーの本に強い感銘を受けて、横浜で開かれたカーネギーの講座も受講しました。いまだに自分の生きる指針になっています。子どもたちが社会人になるとき、この本を渡しましたし、知り合いのお子さんが社会に出るときもプレゼントしています。

**本郷**　私は、ＴＫＣの創立者である飯塚毅会長から教えを受けた「利他に徹すること、創造欲に生きること、法形式の濫用を禁ずる」が、仕事をしていくうえでの指針になっています。カーネギーの教えとも通じるところが多々あります。ですから、ふたりとも根底に共通したものがあるように思います。

**伊藤**　本郷先生には仕事でもお世話になっていますが、それ以上に生き方において、いろいろなことを学ばせていただきました。

**本郷**　それは、お互いさまです。ふたりとも常に生き方を研究しているというか、どう生きるべきかが頭の中にありますよね。やはり根本がないとグラグラするじゃないですか。

**伊藤**　そのとおりですね。「仕事をする」ということは「生きること」。自分が生きていくうえで、根本を定めることが一番大事だと思います。

## 欲がぶつかり合う仕事だからこそ、自らは「少欲知足」

**本郷**　伊藤先生がよくおっしゃる「少欲知足」という生き方も似ています。

**伊藤**　「欲少なくして足るを知る」。仏教用語ですが、幸せに生きる極意のひとつだと思います。また、カーネギーは『ザ・リトル・ゴールデン・ブック・オブ・ルールズ』という小冊子の中で、悩みに打ち勝って幸せな道を拓く法則を挙げています。その中で「悩みを完全に克服する方法は祈ることだ」と言っているのですが、深く納得しました。還暦のとき、お遍路で四国を歩いたのですが、その間、悩みなんてすべてどこかにいってしまいましたから。

――おふたりが取り組んでいらっしゃる相続とか事業承継といった分野は、人間の欲望が最もあらわになるし、欲と欲がぶつかり合うところ。そういう現場に立ち会うおふたりが「少欲知足」を挙げられたのが、とても印象的です。

**伊藤**　欲望のぶつかり合う現場に立ち会う仕事だからこそ、「少欲知足」という考え方になったのかもしれませんよ、逆説的にね。

**本郷**　そうですね。こういうところが似ているので、たまに会っても、ひとことふたことで通じてしまう。伊藤先生はこういう方だから、離婚の調停もとてもうまいのです。相続関係の案件で娘さんの離婚問題がネックになっていたのですが、伊藤先生に相談したら、サッと解決してくださった。

**伊藤**　そんなサッともいかなかったですよ（笑）。

**本郷**　いや、伊藤先生にしかできなかったと思います。

**伊藤**　そのときに役に立ったのがカーネギーの教えでした。
**本郷**　ここがとても大切なところだと思うのですが、人間の争いを円満に解決するのは法律論じゃないんですよね。

## 損得より、「どうしたら幸せになれるか」を追求する

――どうしたら得するかではなくて、どうやったら幸せになれるか。まさに人間の生き方に精通されていらっしゃるから、人を納得させるお話ができるのでしょうね。
**伊藤**　本郷先生こそ、その域に到達しておられると思いますよ。
**本郷**　いやいや、まだ道半ばです。ひとりではできなくても、伊藤先生のような息の合うパートナーがいるからできる。ことに難しい案件のときなど、電話して声を聞いただけで、この人と一緒ならなんとかなるだろうと安心するし、実際になんとかなる。

**伊藤**　私も同じです。老舗ホテルのオーナーから譲渡先を探してほしいというご依頼があったときも、本郷先生に相談して円満譲渡ができました。

**本郷**　そういえば、そのときはホテルの支配人が挨拶にいらして「私の身分はどうなるんでしょうか」と言うので、「あなたがいらっしゃらないとこのホテルの価値はなくなってしまいます。あなたこそ財産ですよ」と申し上げました。支配人はお客様の名前から好みまですべて掌握している。お顔を見るだけで「○○様、よくいらっしゃいました」とか、「お料理はいつものとおりでよろしいですか」と。これで決まりです。この支配人のホスピタリティこそ、ホテルのブランドですから。

**伊藤**　それを理解できる企業にお話をつないでいただいて、本当によかったです。

## お客様の真意を汲み取る――それが仕事の入口

――こうしたM&Aや事業承継では、譲渡価格や雇用の問題だけではなく、伝統とか文化の継承を第一に考えるオーナーさんがいらっしゃるのですね。

**本郷**　結構いらっしゃいます。そういう方に経済合理性だけで考えた提案をしたら、そこでアウトです。

――お客様の本音を聞き出し、価値観を理解する力が必要ですね。また、ご本人がそう考えていても、一族の中には反対する方もいらっしゃるかもしれない。そこもまとめていかなければならない。大変なお仕事ですね。

**伊藤**　お客様の真意を汲み取ることが、一番大事で一番難しいことです。相手の気持ちを汲み取れるように、毎朝、仏壇に手を合わせて「南無観世音菩薩」「念彼観音力」と祈っています。そこが、私たちの仕事の入口ですから。

**本郷**　お客様の本音が出てくるまでには相当時間がかかるものです。お客様自身が迷っていることもありますし。しかし、それができないと先には進めない。

## 「資産税一本でいく」、挑戦こそパワーの源

――伊藤先生は、本郷先生が資産税一本でいくと決断されたとき、どう思われましたか。

**伊藤**　正直言って、いいところに目を付けたなと思いました。当時は資産税を専業にした税理士さんはほとんどいませんでしたから、先駆者だなあ、と。でも、一般の税務の仕事を捨てるのですから、相当な覚悟だったと思います。本郷先生は、資産税一本でいくと決意して横浜から新橋に移るとき、「多摩川が三途の川に

なるかどうか分からないけれど、いくんだ」とおっしゃいましたね。

**本郷**　「ルビコン河を渡る」と言ったようにも思うのですが（笑）。

**伊藤**　そうそう。それで「ルビコン河か、三途の川か、どっちになるかな」と、笑いながら、明るくさらりと言ったのです。

**本郷**　相当な決意ではありましたが、悲壮感はあまりなかったです。元々税務は苦手だったし（笑）。それに、市場もあるし、仲間もいるし、いけるなという感触はありました。

**伊藤**　そして、新橋から東京駅前へ。このオフィスに伺って、本当に理想を実現されたなとつくづく思いました（笑）。もっとすごいと思ったのは、65歳でさらりと代表を譲られたことです。

**本郷**　以前から65歳くらいで譲ろうと思っていました。安心して譲れる相手もいましたしね。

## 価値観を共有し、切磋琢磨する仲間を持つ

――本郷先生のまわりには、伊藤先生のように価値観を共有しながら、なおかつ独自の才能と知識を持っている方々が集まっていらっしゃいますね。

**伊藤**　親分肌だし、明るくてオープンな性格なので皆が惹き付けられるのです。

――私も長年お付き合いさせていただいていますが、指導者としても尊敬しています。常に能力より少し上のタスクに挑戦させて潜在能力を引き出し、成長させてくださる。

**伊藤**　そうですね。タクトコンサルティングのOBの先生方はたくさんいらっしゃるけれども、皆さん優秀です。本郷先生から学んだのでしょう、お客様とのコミュニケーションも非常にうまい。

――この分野では、特にコミュニケーション能力は欠かせません

ね。そのほかに必要なことはなんでしょう。

**伊藤**　相続や事業承継などの仕事の内容は複雑化しています。専門家がチームを組んで、お客様にとってより良い提案をしていくという形は絶対に必要だろうと思います。そのとき、誰と組んでもうまくいくかというとそうではない。どんなパートナーを見付けるかがとても大事ではないでしょうか。私自身も、本郷先生のような親密な関係を持っている税理士さんはほかにはいません。そういう意味では属人的なのかなという感じはします。

**本郷**　ほかの税理士さんも、弁護士さんとか、社会保険労務士さん、不動産鑑定士さん、司法書士さんなどのパートナーをもっていらっしゃると思いますが、幅広く人数を集めるよりも、価値観を共有できる方と良好な関係を保ちつつ、切磋琢磨してお互いに成長していくのがいいと思いますね。時間をかけて濃密な関係を築いていくことです。

**伊藤**　いつの時代でもニーズはある。そのニーズに対応できるかどうか、そういうチームをつくれるかどうかがカギになると思います。

## お客様の行動から次のトレンドを知る

――話は変わりますが、おふたりともバブルの時代を経験されています。日本にとってあの時代は何をもたらしたのでしょう。

**伊藤**　私は2度、バブルを経験しました。1度目はイソ弁時代。田中角栄の列島改造論で地価が高騰し、オイルショックで急落しました。その次がこの前のバブルです。人生が狂ってしまった人をたくさん見ました。さまざまな教訓を与えたというプラスと人心が荒れたというマイナス、大きく分けると2つあるのかなと個人的には思っています。

**本郷**　私のお客様にもバブルで夢を見て部分的に実現した人もいれ

ば、失敗した方もいらっしゃいます。皆が不動産を買いあさっている中で、さっさと不動産を現金化してしまった方もいました。結果的には大成功です。

**伊藤**　私がお世話になったドクターもそうです。海外の不動産に買い換えようとしたのですが、実行できず、銀行に預けていたら金利が上がって10年で倍になりました。本郷先生がバブルの時代に出された『マル得 不動産現金化のすすめ』(中経出版) のとおりです。

——その後に出された『資産は都心に回帰する 不動産組み替えのすすめ 新時代の資産形成』(週刊住宅新聞社) も、時代の意表を突いたタイトルと内容でした。本郷先生はどうやって時代の先を見抜くことができたのですか。

**本郷**　私のお客様の中でパッと気が付く方がいます。不動産現金化の本を出したときも、先ほどの方のように、買換えをやめて不動産を現金化した資産家のお客様が何人もいらっしゃった。ちょうどそのころ、バブルを抑えるために金利が上がり、そのタイミングにピタリとハマりました。経済評論家は理屈で考えますが、お客様は常に現場にいる。だから実態が分かるし、読みもあたるのです。私は現実主義ですから、そういうお客様の行動から次のトレンドを知って本にしたのです。ここがこの仕事の一番おもしろいところ。理屈ではない。「事件はいつも現場で起きている」のですよ。

## 自分が「親鳥」にならなければいけない

――独立を目指す若い士業の方々へ、アドバイスをお願いします。

**本郷**　本書の第2章で「親鳥子鳥型」という話があります。親鳥が運んできた餌を食べてヒナは成長する。でも、独り立ちするには自分で餌をとれるようにならなくてはなりません。実務ができるようになっても、お客様から「お願いね」と言われて契約がとれなければ仕事にはならないのです。それには先ほど言ったように、お客様に寄り添ってお話を聴き、真意を汲み取って、それを満足させるような提案ができなければなりません。

**伊藤**　むしろ、頭が切れる人ほど難しいことかもしれませんね。自分の考えを押し付けてしまうから。

**本郷**　そこなのです。頭のいい人ほど、お客様の本音を聞き出す前に自分の知識がワーッと前面に出ますからね。パソコンでパパッとシミュレーションして答えを出してしまう。でも、そういう提案なら、いずれＡＩ（人工知能）が肩代わりするようになるでしょう。ＡＩができない部分こそ、これからの仕事です。

**伊藤**　それには人間力や人間関係が不可欠ではないかと思います。

## ＡＩにできない部分こそ、本当の仕事

――ＡＩの話が出ましたが、士業にも影響が出てくるのではないでしょうか。

**伊藤**　ええ、ＡＩが肩代わりできる部分が出てくるでしょう。私はこの分野に詳しくありませんが、限界もあるのだろうと思います。

**本郷**　資産税のコンサルティングといった領域は情的な要素が多分にあるし、個別性も強い分野です。いろいろな要素や条件をインプットすれば、ＡＩがそれなりの答えを出してくれるようになるでしょうが、実はインプットできない部分に本当の仕事があるのではないかという感じがしています。

**伊藤**　そうですね。感性の領域もそのひとつかもしれません。例えば、先生が本書の基となったコラム（税理士新聞の連載）につけたタイトルは「吹けば飛ぶよな稼業だが」。こういう表現はＡＩ

にはできない（笑）。

――たしかに。税理士の方が読んでいる新聞ですものね。ＡＩにはとてもこんな飛んだタイトルは付けられない。

**本郷**　自分でも笑っちゃったんですけど……。

**伊藤**　私も吹き出しましたよ、さすが本郷先生だ、と。こういうことがサラッと言えるのが本郷先生の強みですね。

## 人生の最終章を生き生きと楽しむために

――今後、どんなテーマに取り組まれるのですか。

**本郷**　高齢化と「おひとり様」の問題を扱おうと思っています。子どもがいない方の財産は兄弟、甥姪と横に流れていく。対策をしなければ、全く世話になっていないところに自動的に資産が流れてしまうのです。生きている間に資産を整理（換価処分）して、自分の意思で自分のために使ったほうがいいと私は思います。

**伊藤**　私も実は家庭裁判所から相続財産管理を託されることになっています。資産はあるけれど相続人がいない。そういう方の資産を国庫に納める仕事です。

――「人生100年時代」を迎えると、こうした問題が増えそうですね。

**本郷**　横浜時代からのあるお客様は80代で全財産を処分して、最後までホテル住まいをされていました。そういう方が実際にいるのです。

**伊藤**　人生の最後をどう生きるか。「終活」という言葉がありますね。

**本郷**　そうです、これはもう相続対策ではなく、終活。ここに専門家がどう関わり合ってお客様の望みを叶えるか、ということです。

**伊藤**　ひとりひとり答えは違うでしょうね。

**本郷**　そのとおりです。選択肢も方法論もいろいろありますが、一番は本人の生き方とか考え方ですよね。万人向けの答えなんかないし、マニュアルもない世界です。

――「あなたは人生の終わりに向かってどんなシナリオを書きますか」と問い掛け、そのシナリオを実現するために法律や税制などの専門家がチームを組んでサポートする、ということでしょうか。

**本郷**　ええ、今、そんなことを考えています。年齢を重ねた今だからこそ、できることだと思いますので、伊藤先生、これからもよろしくお願いします。

# 第2章　新橋時代

# 資産税一直線、いざ新橋へ

負担付贈与の節税策で資産税の怖さを嫌というほど味わったころ、事務所はちょうど創設10年目で社員10人、売上は1億円を超え、横浜駅前の新築ビルへと勇んで進出したときでした。このときに熱いお灸をすえられたのです。

この経験は、私にとっては大きなターニングポイントになりました。当時は一般の会計事務と資産税の両方の仕事を抱えていましたが、資産税分野の売上が全体の3割から4割ありました。事実上、不動産関係の仕事が大半でしたが、記帳代行の仕事とのバランスや事務所の方向性について、この先どうしようかと迷い始めた時期でした。

さらに、神奈川県だけでなく東京の仕事も増えつつあり、横浜の事務所も手狭になっていました。私は「この仕事をするのであれば、やはりどこかで東京へ出る決断をしなければいけない」と思い始めていました。

このころ、昭和60年代はじめ（１９８０年代中頃）には、地価が目に見えて上がってきます。東京進出の決断にあたり、まずは「本当にやりたい仕事は何か」を自問しました。そこで導き出した答えはやはり「資産税」でした。会社の記帳や法人税申告業務は、正直に言ってあまりやりたい仕事ではなかったのです。それはほかの多くの会計事務所がやっていることであり、私は得意でもありませんでした。

そこで東京へ移転するにあたり、「中途半端では突き進めない。人生一回限り、やるだけやってみよう！　人のやらないことをやってみよう」と、資産税一本に絞る決断をしました。誰にも相談しませんでした。深く考えることもありませんでした。直感です。迷いたくなかったのです。

同業者からは、「なんという無謀なことをしたんだ」と言われました。ですが、三井ホームの仕事やこれまで築き上げてきた人脈が力となり、自信になっていました。そして捨て身の自分自身に活力がみなぎっているのを感じていました。私は〝東京〟へ出たかったのです。

人は、何かを得ようとするときに、何かを捨てなくてはなりません。「新しいお酒は新しい革袋に」です。過去や現状を引きずっていると動けません。そのため新たな人材は東京で募ることにしました。すでにいる職員には宅建の資格を取ってもらいました全員が不退転の覚悟で、一緒についてきてくれました。

記帳代行・申告業務の顧問先の一部は番頭格の副所長に任せて、それ以外のお客様はほかの事務所にお願いして引き継いでもらうことができました。

## ビジネス展開は駅前で！

東京では、最初から新橋に事務所を構えようと考えていました。新橋―横浜といえば、明治5（1872）年に日本ではじめて汽車の路線が敷かれた歴史的な場所です。私の通勤の便宜もありました。

そのときにも、「ビジネス展開は駅前でなければ！」という友人・山田晃久さんの言葉がずっと残っていました。そこで小さいながらも新橋駅前の交差点の角地へ事務所を移したのです。

顧問先が減ることで安定した収益がなくなるという不安はありませんでした。新しい分野にまっすぐに進む気持ちが強く、不安より希望に満ち溢れていました。そして東京へ出ると、多くの人が温かく迎えてくれました。自分は幸せ者だと感じた瞬間です。

もちろん、この後にもたくさんの試練に立ち向かうことになるのですが……。

# ＴＫＣ飯塚毅会長からの薫陶

昭和61（１９８６）年、資産税一本でいく決断をして横浜から東京・新橋へ移転を決めました。そして、すべての記帳代行業務からの撤退にともない、私はＴＫＣ全国会を退会することにしたのです。

ＴＫＣの創立者である飯塚毅会長は、私にとって会計人としての心の師でありメンター（指導者）でした。退会にあたり直接報告とご挨拶に伺いたく、親しくしていた佐野鑛治事務局長に頼んで面談をセットしてもらい、飯塚会長とお会いする機会を得ることになりました。飯塚会長は超が付くほどご多忙のなか、一会員に過ぎない、しかもこれから退会するという私のためにわざわざ時間を割いてくださったのです。

講演やご著書ではその思想に何度も触れてきましたが、実は一対一でお会いするのは退会の報告をするそのときがはじめてで、私は身震いして向き合いました。そして資産税に特化していく考えを報告し、これからの方向性やビジョンなどを緊張しながらもお伝えしました。会長は私の話をじいっと目を見据えて聞いてくださった後、真剣なまなざしで話し始めました。その主旨は次のとおりです。

＊　＊　＊

資産税の仕事は、お客様はもちろん、取り巻く周囲も欲得が渦巻く世界である。その中であなたは自分を見失わないで生きていくことが大事です。そのために次の３つのことを話しておきたい。

①　利他に徹すること

利他はＴＫＣの理念です。「自利利他」です。利他を自分の考え、行動の中心に据えること。ここが一番大事なことです。

②　創造欲に生きること

金銭欲、物欲、名誉欲よりも創造欲に生きなさい。クリエイティブに生きること。創造することに喜びを見出しなさい。お金や物や名誉を追求しても虚しいことです。いつも新しいことを考え続けなさい。

③　法形式の濫用を禁ずること

税法、商法、民法を駆使し、濫用し、節税だけを図るようなビジネスを専門家の仕事としては絶対にいけない。

＊　＊　＊

ゆっくりとした口調でしたが、表情は厳しく、内容は極めて格調高いものでした。私は聞きながら懸命にメモを取りましたが、尊敬する飯塚会長から直接薫陶を受けたことに感激し、すべてを書き記すことはできませんでした。

## 節税ビジネスに陥るなかれ

その後、飯塚会長のご著書と論文を何度も何度も読み返し、自分のメモと照らし合わせて理解を深めていきました。正直に言うと、お話を伺ったときは十分に理解できていなかったこともあったのですが、仕事を通じて理解を深めていきました。自分が試練に立たされたときには、この3つの教えがいつの間にか私の仕事の規範になっていきました。

ひとつめの「利他に徹する」。実に、言うは易く行うは難し、です。仕事で迷ったときの判断基準にしていますが、いまだに徹底できていません。しかし、いつも仕事の原点であると自分に言い聞かせています。

続いての「創造欲の追求」。これは私の生き方、価値観に重要な示唆を与えてくれました。想像して創造欲をかき立たせる。ほかとは違う生き方の追求です。

そして最後の「法形式の濫用の禁止」ですが、これは目からウロコが落ちました。会長はこの点を特に強調されていましたが、往々にして節税ビジネスに陥りがちな資産税に取り組んでいく私への最大の警鐘であり、啓発となりました。

私にとって飯塚会長の言葉は、行動や考え方の規範です。飯塚会長は私にとって仕事と人生の師なのです。

# 多士済々の人材集めで更なる成長へ

横浜から新橋へ事務所を移してからもお陰様で良い仕事に恵まれ、資産税に絞っての東京進出は順調な滑り出しを見せていました。ありがたいことに、急いでスタッフを増員しなくてはならないほど、仕事の質も量も向上していったのです。

私は横浜にいるときから、東京進出にあたっては税理士の資格者を増やしていこうと考えていました。ただし、税理士といっても記帳代行の仕事はしませんので会計事務所出身である必要はありませんし、資産税の経験も必要ありません。いわゆる税務の経験者よりも、むしろ一般の企業出身の税理士が欲しいと考えていました。私自身にサラリーマンの経験がなかったため、私にないものを持っている人材を補充したかったのです。

横浜からやってきたばかりで、しかも資産税しか取り組まないという、当時からすればトンデモナイ風変りな事務所に良い人材が集まるのかという不安はありました。

しかしそれでも、「資産税をやりたい税理士の資格者はいませんか。一緒に仕事をしませんか」とあらゆる方面に向かって呼び掛け、仲間集めを始めました。

　すると驚いたことに、銀行、保険会社、メーカー、専門学校の講師、さらには国税、もちろん会計事務所出身者など、まさに多士済々、あらゆるジャンルから優秀な人材が「一緒にやりたい」と集まってきてくれたのです。そうなると事務所はあたかも梁山泊のごとくです。つまらない上下関係や殻に閉じこもることなく、活気と活力に満ち、ワイワイガヤガヤと皆が好き勝手なことを言い合って仕事に取り組んでいきました。

出身母体が異なることから得意分野もさまざまで、仕事に取り組む方法も違います。自主性があるといえば聞こえはいいのですが、はっきり言ってバラバラ。本当に多種多様な人材の集団でした。

## タクトイズムの萌芽

しかし、そんな個性的なスタッフたちですが、共通していたのは、皆「もっともっと勉強したい」と知識の吸収に貪欲で、そして「常に新しいことをやりたい」という気概にあふれていたことです。新たに集まった人材は全員が税理士の資格者ではありましたが、税務の経験が乏しいため会計人としてのレベルはそれほど高いものではありませんでした。しかし勉強は好きで、本を読み、また研修に参加してはさまざまな分野の知識やノウハウを吸収して、新しい仕事にチャレンジしていました。

そのための参考書や研修の費用はすべて事務所の経費としたために、経営的にはかなりの出費でしたが、得たものはその出費をはるかに上回るものでした。外で学んできたスタッフはその内容を事務所の別の者に伝え、そして議論を重ねてさらに発展させるという学習の相乗効果が自然と生まれてくるようになったのです。それらの知識は蓄積されて新しい命を吹き込まれ、いずれは事務所主催のお客様向けセミナーに発展していきます。これが今に続くタクトセミナーのはじまりです。これらの情報は単なる耳学問ではなく、スタッフの生きた研鑽の積み重ねであったため、書籍として公にした『不動産M&A 会社を不動産ごと売買する方法』（中経出版　平成3（1991）年）にしても、単なる節税本にとどまることなく、新しい価値観を世の中に提供できたのではないかと思っています。

事務所では皆、自由闊達で、非常に伸び伸びと仕事をしてくれていました。グループを組んで仕事はしていましたが、集まった人材は既存の会社が育てた組織人というよりも、どちらかというと一匹狼の気概を持っていました。そのため、仕事は上司から与えられるものではなく、自分でもぎ取ってきて自分で料理するという、まるで凄腕の賞金稼ぎがチームを組んでいるような、そんな感じでした。

これはタクトコンサルティングから独立して、現在、それぞれの分野で活躍している方々を見ても分かると思います。

言うまでもなく、仕事はひとりでできるものではありません。事務所の仲間はもちろん、弁護士や司法書士など、ほかの専門家と一緒にやる姿勢と仕組みが必要です。ここで大切なのは、いかに周りを上手に巻き込み、自分がリーダーシップをとって、優秀な専門家の協力を得ながら仕事を回していくかです。それができると仕事はぐんとおもしろくなります。

それこそが〝タクトイズム〟であり、このころに萌芽し、ゆっくりと醸成され、そして今に至るまでに浸透してきているのだと思っています。

## 本郷流の人材育成と、仕事の原点

新橋に開設した事務所に集った「経験豊富な新人たち」。その「新人」を教育するにあたっては厳格なルールは用意せず、上司や先輩が事細かに指導するということもしませんでした。基本的に各自の自主性に任せたのです。

そのため、事務所内は基本的にゆるい雰囲気でしたが、仕事に取り組む姿勢は真剣そのものでした。彼らは「新人」とはいえ、サラリーマンを5年、10年と経験した後に退職して、不退転の決意で小さな会計事務所へ飛び込んできた人たちです。皆が税理士資格を取得しており、年齢は30歳を過ぎて所帯持ちも少なくありません。タクトコンサルティングに就職したとはいえ、いわゆる宮仕えのサラリーマンになろうと思っていた人はなく、各人が「40歳ぐらいまでには必ず独立してやるぞ」という気概を内に秘めていました。

私自身、彼らがそうした心意気で仕事に取り組む姿勢を奨励し、「税理士になった以上は、組織の中でも自主独立しなくてはならない。ここを出ていってもいい。とにかくひとりで立って歩けるようになりなさい」と言って励ましました。

## コンサルタントに求められる強さと優しさ

社会経験もある優秀な人たちでしたから、仕事もどんどん覚えていきました。最初の3年くらいで相続税の申告や財産の評価等の基礎的な仕事を研修と実務で身に付けます。そして3年を過ぎたころから、資産家に対して、財産の共有状態の解消、資産の組み換え、等価交換、定期借地権などを提案し、遺言書の作成などに取り組んでいきます。法人では、事業承継、M&A、合併、会社分割と踏み込んだ提案や実行が求められます。本物のコンサルタントになるためには、これからが本番です。

このころになると「新人」たちは、「単純な会計、税務の知識だけでは通用しないぞ」ということを身をもって理解するようになります。そしてこれに気付いたとき、「おもしろい！」と思う人と、「大変だなぁ…」と感じる人に分かれます。どちらが良いとか悪いとかではないのですが、やはり苦労をおもしろがって取り組める人のほうが資産税の仕事には向いているような気がしています。それは、資産税業務の根幹にあるのは「主体性」だと私は思っているからです。タクトコンサルティングの仕事は、お客様から与えられた要望を諾々とこなすものではありません。個人・法人を問わず、お客様の懐に飛び込み、お客様の悩みや困っていることを察知し、そしてコンサルタント自身でニーズを発見して提案することが求められます。もちろん節税だけが決め手になるわけではありません。複雑に絡んだ人間関係の中に入っていくのですから、主体性のない人は途中で折れてしまいます。そのため、この仕事は人間的にタフであり、そして優しくないと向かないでしょう。だからマニュアル化はできないのです。

タクトコンサルティングのスタッフは全員が現場に飛び込み、お客様と一緒に夢中で仕事に取り組んでいます。何より私自身、資産や人生をめぐる人々の思いや、その後のたくさんの人生ドラマを見せてもらったことが財産になっています。タクトコンサルティングと私の仕事の原点は、ずっと現場にあるのです。

## チャレンジ精神と情報発信

各方面から多彩な人材が集まり、事務所は仕事と研修を車の両輪として勢いよく動き出しました。

まず取り組んだのは、市場開拓のための情報発信です。バブル景気とその崩壊の影響から平成10年頃（1990年代後半）、経済の話題の多くは不動産でしたが、まだまだ資産税の仕事が認知されるには至っていませんでした。そのため新規顧客を獲得するためにも、私たちの業務の必要性や重要性を世の中に知っていただくことが急務だったのです。

そこで、セミナーの開催、本の出版、「タクトニュース」の発行という3つの柱を立て、同時並行で文字どおり猪突猛進、社内一丸となって突っ走りました。

本の出版は毎年2～3冊のペースでした。実務書が中心でしたが、平成13（2001）年に発行した『資産は都心に回帰する　不動産組み替えのすすめ　新時代の資産形成』（週刊住宅新聞社）は、これからの世の中で何が起きていくのかを実務の中から答えを導き出したものでした。当時の人気テレビドラマで「事件は現場で起きている」という名セリフがありましたが、そんな思いから生まれたものです。

「タクトニュース」は業界の動向や税制のニュースをタイムリーに解説した無料のファックス通信です。最初は私が書いていましたが、途中からは思い切ってスタッフに任せることにしました。いきなり命じられたスタッフの中には「自信がありません！　できません」と拒む者もいましたが、「いいからやってみろ。挑戦しろ！」と叱咤し、激励し、そして見守り、ニュースを出し続けました。

セミナーについては、だいたい年に2〜3回行っていましたが、いつも大盛況でした。タクトニュースの配信先のお客様や取引先に加え、本の読者さんがいつもたくさん集まってくれたのです。3つの柱を立てて同時進行したことが見事に功を奏しました。

セミナーの講師も、早いうちからスタッフに担当させました。失敗して、恥をかいても、それらを乗り越えて一人前になります。スタッフ自身が主体的にチャレンジせざるを得ない環境をつくることで、自ら壁を乗り越える工夫をするようになっていきました。

「お元気ですか」というエッセーを書き始めたのもこのころでした。私の身の回りに起きたこと、感じたことをはがきに書いて、お客様や取引先に送っているものです。回を重ねていくうちにお客様との親しさが深まっていき、現在まで20年以上も続いています。途中からイラストレーターの原樹子さんの絵が入るようになり、楽しく明るく上品な感じが加味されています。

## 継続が本物をつくる

当時の私たちは「来るものは放さず、去るものはどこまでも追いかける」という気概で、新規部門が立ち上がればすぐに何らかの提案をぶつけ、取引先に新任の銀行の支店長が来れば飛んでいき、異動となれば転勤先までも押しかけるという、一度食らいついたら絶対に離さない完全な肉食系集団でした。もちろん仕事は年中無休です。

そんな熱い社内風土とともに、タクトコンサルティングの情報発信は手づくりながらも着々と進んでいきました。どのようなコンテンツにしても、情報発信は継続させてはじめて効果が生まれます。プロである以上、10年、20年、30年さらに50年と継続させてこそ本物になります。これは広報に限らないことですが、今後もあらゆる創意工夫をして世の中に問う気持ちで挑戦を続けていこうと思っています。

# 事業用資産の買換えから不動産M&Aへ

新橋に移った事務所の陣容も、時代が平成に変わるころには30人ぐらいの所帯になり、手狭になったことから同じ新橋の日本生命新橋ビルに移転しました。新橋では通算して15年ぐらいを過ごすことになります。

平成に入ってからの主要なテーマは、不動産の譲渡である「事業用資産の買換え」でした。租税特別措置である買換特例を駆使する仕事です。

そして、その延長として取り組み始めた、ある意味で特殊な仕事が「不動産M&A」でした。通常、会社保有の不動産を売却して現金化すれば、不動産の含み益が実現して法人税がかかることになります。さらにこれが会社オーナーに渡されるときには配当課税が行われます。

しかし不動産M&Aは、会社をたたむ際にメインとなる保有不動産の現金化を会社自身が行うのではなく、会社ごと不動産を売るという形になるのです。つまり、会社の株式を売る形になるので譲渡所得となり当時20％の分離課税となる一方で、会社は不動産を売却しないので、不動産の含み益は「含み」のままで、法人税がかかることはありません。

具体的にこのスキームの舞台となったのは、駅前の優良物件はじめ複数のビルを所有する資産管理会社や、資産価値の高い不動産を持つ老舗企業、そして多くの含み益のある資産を所有するホテルや旅館などです。

例えば、同族会社に株主として兄弟が４人いるとします。会社のオーナーが会社の株式全体を持っていて均分に相続すると、事実上「会社の持ち分」は４等分になります。

ですが、それでは現実問題として経営の意思決定の場面では船頭が多過ぎてにっちもさっちもいかなくなるのが普通でしょう。このようなケースを放置しておくと必ずや〝争族〟が起き、次の相続まで続く〝争続〟に発展し、会社所有財産を遠因とする悲劇となってしまいます。会社の清算にともない退職金を支出したとしても間に合うような金額ではありません。

## 相続問題の事前解決への苦闘

そうした問題を解決するため、私たちは不動産M＆Aにチャレンジし、そして広めていきました。企業オーナーにとって非常に有利なこの手法は、いまでこそポピュラーですが、当時は全く世に知られていなかったため、はじめて聞いた方々は、皆、目から鱗が落ちたと、驚きとともに大いに喜んでいただきました。

ただし、需要はあったものの、担当する者は大変です。不動産M＆Aの仕事は、会社の筆頭株主たるオーナーはじめ多くの株主への説得などで時間がかかるのが特徴です。入口から出口までの間が3年ぐらいかかる案件も多く、さらに会社を解散してからも株主それぞれの利害関係の清算が片付くまで気を抜けない仕事です。ひとつの案件に携わると本当にへとへとになりました。しかしそれでも、近い将来起こるであろう錯綜した相続問題の事前解決に向け、お客様の愁眉を開くために苦闘を続けました。

## バブル崩壊、資産家の分かれ道

バブル経済で土地が急騰した当初は、不動産の買換えの相談が多くみられました。これは「多額の税金を負担したくない」というオーナーの普通の欲求です。ただ、このニーズに従えば、当時の買換特例制度の下では「東京の物件を売って郊外に出ていく」という流れになるのは必然で、需要と供給の玉突き現象により地価の高騰が全国に波及していったのです。

ところが、そうこうしているうちに、今度は「買い換えるのも嫌だ、面倒くさい」という人や、「複数の地権者がいるので現金で分割したい」という要望が顧客の中に現れ始めたのです。つまり「譲渡所得税を払ってもいい」というのです。これを私は、富裕層の中に大きな変化が起こりつつある兆しであると感じ、今後は「不動産の現金化」がトレンドになっていくと考えました。そこで出した本が『マル得　不動産現金化のすすめ』（中経出版　昭和63（１９８８）年）です。

　このころから大蔵省（現財務省）は、バブル潰しの姿勢を鮮明にしていきます。土地を所有してから2年以内に転売した者にかかる懲罰的な「超重課」に加え、不動産融資への総量規制という劇薬が処方されると、経済の動向は様変わりしました。土地神話に陰りが見え始め、平成3（1991）年にバブル景気は弾けました。

　不要不急の不動産を抱え込んで借金をしてしまっていた人たちは大変だったと思います。しかし、以前から資産に余裕のある人にとっては、それほど大騒ぎすることはありませんでした。タクトコンサルティングのお客様にも、「土地があるなら借金すれば節税ができる」といった提案はしていませんでしたので大きな影響はありませんでした。むしろ、バブル崩壊までの間に不動産等の現金化をされたお客様の中には、この時期に預金金利が高くなるなどの好影響を受けた方もあり、今でも感謝されています。

リスクの高い節税策だけを売り物にする提案を控えていたことが、結果的にお客様を守ることにもつながったのだと思います。

## 不動産の現金化から都心回帰へ

不動産のトレンドは、いつか必ず揺り戻しがあります。平成のバブルの盛りを過ぎたころには、郊外の人が逆に、また都心に回帰するという兆候が見えてきました。資産運用するなら都心だ、というわけです。このときには『資産は都心に回帰する　不動産組み替えのすすめ　新時代の資産形成』（週刊住宅新聞社　平成13（２００１）年）という本を書きました。20年ぐらいの時間的なスパンで、不動産のトレンドのなかに買換えがあり、現金化があり、そして結局また都心に回帰するという流れです。書いた本はどれも、どのような手法で資産を残すべきかを勧める、いわゆる「するべき論」ではなく、不動産の現金化にしても、資産の都心回帰にしても、まずは「トレンドとして、このような現実がある」という現実を告知したのです。

そうしたトレンドをいかに早く察知して、資産税コンサルタントとして答えを出し、お客様に提示できるか。面倒であり遠回りにも見える道ですが、それが極めて現実的な対応ではないかと、そんな考えで仕事にまい進してきました。

## 資産税の仕事は人脈が命

資産税に特化して事務所を経営していくためには、まずは資産税に特化した事務所の存在を世間に知ってもらうことから始めなければなりませんでした。しかし当時は税理士業の広告には規制が設けられ、ストレートに宣伝をすることはできない時代です。そのため、セミナーや出版、または事務所ニュースを発行するにしても、営業活動と取られないよう繊細な気遣いが必要でした。

それでも執筆した本が売れれば、「ずいぶんと名前が売れているようでいいね」などと皮肉を言われ、またパートナー企業の求めに応じて地方で講演をした際には、地元の税理士から「営業エリアが違うんじゃないか」と眉をひそめられることもしばしばでした。

しかし、「資産税で食っていく」と決意したからには、そんなことでいちいちへこたれてはいられません。新しい試みに対して風当りが強いことなど覚悟のうえです。

買換特例のサポートを始めたころには、「タクトコンサルティングは不動産屋だ」と陰口をたたかれたものです。

私は資産税に特化した事務所があるということ、そして税をはじめ資産全体についてしっかりと考えなければならないことを、広告にならないようにスタッフとともに広めていきました。パートナーとして仕事をさせてもらっていた三井ホームはもちろんのこと、金融機関、不動産会社、ＦＰ業界の方々とも一緒に仕事をして、「北海道までいってくれ」「新潟へ飛んでくれ」「今度はあっちだ」「次はこっちだ」と、どんなリクエストもすべて受け、全国を精力的に走り回りました。そして新しいお客様を連れてきてくれるこれらの方々との付き合いが深まる中で、次第にタクトコンサルティングの顧客はＶＩＰ層にまで広がっていきました。

そうした努力を重ねるうちに、「資産税の仕事は、人脈が大事なんだ」という、極めてあたり前のことに改めて気付いたのです。ニュース発行による広報やセミナーでの集客も重要ですが、いざどうやって資産税に関する良い仕事を取るかという段になると、やはり人脈がモノを言います。すなわち、資産税の仕事の肝は、新しいお客様にめぐり会う着実なルートをつくることと、お客様のニーズを丁寧に掘り起こすことに尽きます。そしてその環境を保ち続けることが資産税に特化した事務所の命脈であることを、たくさんの汗をかき、恥もかき、本も書いて、ようやくこのころに確信しました。

## 買換特例から事業再生にシフト

世の中はバブルからその次の時代を迎える段階へと移り変わり、事務所はバブル期に多かった買換特例の仕事を減らして、いわゆる事業再生に関するコンサルにも挑戦するようになっていました。一見すると、世の中とともに事務所の姿は大きく変わったかのように思えますが、その本質は基本的にいつも変わりません。時代の変化に合わせたさまざまなメニューは用意するものの、相談を受け、お客様の悩んでいること、困っていること、苦しんでいることを見付けて解決するという仕事の原則的なフローは変わるものではありません。時代に即した「お困りネタ」に、ひとつひとつ丁寧に対応していくだけです。

# 〝親鳥子鳥型〟でリーダーを養成

経営には、「外部戦略」と「内部戦略」が車の両輪として不可欠です。外部戦略としては、これまで述べてきたように外部の関係者・市場・お客様に対してどのようにアプローチしていくかを考え、タクトニュースや書籍出版のような情報発信、セミナーや講演等をマルチに活用する戦略でパイプと人脈を広げていきました。

そして内部戦略で力を入れたのは、「人材の育成」と「組織づくり」でした。

内部戦略は、同じ事務所であっても規模や方向性、成熟度などによって形は異なります。ワンフロアで30人程度で仕事をしていた新橋時代は、資産税に特化した事務所としての黎明期であり、ひたすら勢いに任せて突っ走ってきた感が強くありました。先に「多士済々の人材集めで更なる成長へ」の項で述べましたが、東京（新橋）進出にあたっては、あらゆるジャンルから新たな人材を集め、勉強も仕事も「好きなようにやれ」と、それぞれが各自で腕を磨くよう促してきました。人材育成というよりも社員の意欲を利用した放任です。

こうして当初のメンバーは、皆、一騎当千の猛者へと成長していきました。そしてこのころから事務所経営は成長期に差し掛かり、彼らを一匹狼からリーダーとなってもらうよう「育成」する必要が出てきたのです。これまで基本的に「自分の仕事」という意識で取り組んできたため、若手をまとめる立場になれと言うと最初は抵抗もありましたが、それでも元々が優秀な人たちでしたので、短期間で期待に応えてくれるように育ってくれました。

## 契約を取ってきて一人前

黎明期の入社組はさまざまな出身母体から集まりましたが、経営が落ち着いてくると、新人の半分は会計事務所や監査法人の出身者が占めるようになりました。税務や会計の豊富な知識を資産税に生かしたいと応募してきた人たちです。ところが、そうした知識豊富な人にありがちなのですが、往々にして営業ができません。そこで先輩にあたるリーダー候補がお客様から仕事を受注して持って帰り、これを新人に担当さ

せる方式を取り入れました。いわゆる餌を探す親鳥とそれを待つ子鳥の関係です。
　この子鳥たちは、新人とはいっても30代で経験もあるため、申告書や財産評価など事務作業は2〜3年で覚えます。そこで問題となるのは、申告書が書けるようになると、子鳥であることを忘れ、自分は「資産税ができる」と思い込んでしまうことです。
　資産税の仕事ができるとは、すなわちコンサルティング業務ができるかどうかです。お客様の前で課題解決の方向性を示し、提案したことをお客様が心で受け止められるよう説得できる。そうしたことにこそ価値があります。突き詰めていえば、無から有を生じさせて、コンサルタントとして契約ができるかどうかです。

最初から最後まで自分で完遂できるようになれば、つまり将来、独立できるということです。社内でその「独立」に近付くには、まずは仕事を取ってくる、すなわち親鳥になるということです。これをどう育てるかが、事務所が成長期を迎える中で大きな課題となりました。

# 常識破りの「独立のすゝめ」

リーダー的人材の育成方法として「親鳥子鳥型」は、リーダー候補者が「親鳥」として自らの手で仕事の新しい分野を開拓して契約を取ってくるとともに、「子鳥」である部下を使って仕事を完遂するものです。「親鳥」には、自分で考え、そして自分で刈り取ってくる主体性とともに、部下が付いてくるだけの指導力が求められます。

通常の会計事務所でも、所長が仕事を取ってきて部下に仕事の処理をさせるといった「親鳥子鳥型」の業務体制を敷いているところもあるようですが、それではいつまでたっても所長だけが「親鳥」のままで、なかなか若手からリーダーは育ちにくいと思います。そのためタクトコンサルティングでは、リーダーとして一人前になってもらうため、その候補者に「親鳥」としての役割を担わせているのです。

そしてもうひとつ、この育成方針を採っていたのは、彼らがいつかはタクトコンサルティングから独立して、ひとりで歩いていける力を付けてほしかったためです。

リーダー候補者には、「自分が親分になりなさい。そして将来は独立しなさい」といつも言い聞かせていました。

私は、リーダーが独立する際には、「自分のお客さんを持っていって結構です」と伝えていました。

このことは、税理士業界の常識からはかけ離れたことかもしれません。

「のれん分け」という古い言葉がありますが、これはあくまでも看板を分けてやるという意味で、お客様を持っていっていいということではありません。

そのため私のやっていたことは、「のれん」どころではなく、「屋台骨まで持っていけ」と言うに等しかったかもしれません。

しかし、これは仕方のないことだと思っています。タクトコンサルティングで育ってくれたリーダーが自分の力で引っ張ってきたお客様です。つまり、そのリーダー自身にほれ込んでくれたお客様なのですから、独立後にお付き合いが続くのは当然です。もちろん、お客様の方で、独立するリーダーに付いていきたくないというなら、それはそれで仕方がないことですが…。

## 巣立つ「親鳥」たち

そうこうするうちに、若いうちから自立・独立を意識するようになり、皆、入社して5年から10年で立派な「親鳥」として巣立っていきました。なかには、まだ「リーダー」としての実力が十分ではないと思える人もいましたが、それでも私は背中を押しました。本人が「独立します！」と言うのであれば、所長としては「そうか、ガンバレ！」と言うしかありませんし、それに本人が強い気持ちで独立すると、意外と何とかやっていけるものだからです。

現在、タクトコンサルティングから独立した人材は70名を超え、彼らの手による資産税関係の本も多く出版されています。OBたちの本がアマゾンのランキングで上位に入っていると本当に嬉しいものです。さまざまな分野での精力的な活躍をみると、東京進出の出発点だった新橋時代の、多士済々による「梁山泊」の熱気がよみがえるようです。

独立した後に、タクトコンサルティングと提携するケースもあります。名実ともに一国一城のリーダーとして、そして一人前の親鳥として成長した彼らと一緒に仕事ができるなんて、これほど幸せなことはありません。

## 〈対談〉あのころを友と振り返る (2)

株式会社東京アプレイザル 代表取締役
不動産鑑定士

# 芳賀 則人 さん

全国の1000会計事務所と業務提携契約を結び、年間約200件の不動産鑑定評価、約320件の広大地判定評価を中心に業務を展開。

芳賀則人さん（右）と

芳賀先生は、いつも前向きです。
バックミラー、サイドミラーを気にしません。
いつも挑戦者です。
多くの人を引き込む、魅力的なリーダーです。

――本郷 尚

## 最初の出会いはセミナーだった

――昭和61（1986）年、本郷先生は新橋に移られましたが、そのころに芳賀先生と知り合われたのですか。

**本郷**　「資産税一本でいく」という名乗りを上げて新橋に移った当初は、内部固めに専念していました。東京での不動産鑑定士さんの人脈は皆無でしたから、芳賀先生との出会いは新橋に移転後、少し経ってからだと思います。

**芳賀**　当時、不動産鑑定士と付き合っている税理士さんはほとんどいなかったと思います。本郷先生のお名前は存じ上げていましたが、はじめてお会いしたのは確か生命保険会社のセミナーでした。本郷先生と弁護士の江口正夫先生と3人で講師をさせていただきました。江口先生と本郷先生はすでに業界では有名人でした。

**本郷**　私の場合は、一般向けに相続の話をする人があまりいなかっただけですよ。

**芳賀**　一般の人やほかの業界の人にも分かりやすく話すことができる税理士さんは、本郷先生くらいでした。難しい話を難しく話す方はたくさんいましたけれど（笑）。

**本郷**　当時は今と違って、相続に対する一般の関心も知識も低かったですね。少しでも分かりやすくと思って、漫画で『相続税減量作戦　これがスマート節税のコツだ！』（ワコー）を出しました。一部ご紹介すると「相続税は脱税してはいけません。でも取られる身になるとまさに奪税です」、そして、相続人が財産分けでもめる姿を「相続が争族となる」と表現しました。この〝争族〟は常用語にもなりました。

## さながら梁山泊のごとく野心的な強者が集う

――本郷先生の新橋時代の事務所は、ほかの税理士事務所とは全く違う雰囲気でした。「梁山泊」のようだったそうですね。

**本郷**　新橋に出てから「資産税専門でやっていきます。一緒にやりませんか」と、税理士資格を持った人を募集したのです。あちこちに声を掛けたら、生命保険会社や税務署、普通の会社に勤めていた資格者が集まりました。あえて会計事務所出身者ではなく、いろいろな分野で働いていた人を採ったのは、資産税でやっていくには多彩な経験を積んだ人が集まったほうがおもしろいと思ったからです。私のスタンスは「3年間は自由にやっていいけれど、その後は自己責任です。自分で稼いでください」。ですから、独立心旺盛で勉強熱心、野心的な人が集まり、野に放たれた野生動物みたいな雰囲気でした（笑）。実際、それくらいタフじゃないと資産税の仕事はできないのです。

――ルーティンワークではなく、人の心に切り込んでいくわけですからね。

**本郷**　そう、自分で飛び込んでいって仕事をつかまないといけない。結局、心身ともにタフな狩猟民族が残りました（笑）。このころから、いろいろな方が事務所に出入りしてくださるようになりました。

**芳賀**　私もちょくちょく出入りさせていただくようになりましたが、どんな目的で伺っていたのか、思い出せないのです（笑）。

## 仕事が大好き、森羅万象に興味あり

――本郷先生もそうですが、芳賀先生もまた「タフな仕事人」という印象です。

**芳賀**　タフというより、人に頼まれることが好きなのですよ。それに本郷先生と同じで何にでも興味がある。森羅万象、何でもＯＫ(笑)。

――でも、最大の趣味はお仕事ですか。

**芳賀**　ええ、そうですね。３日休んでいたらうずうずしてしまう。月曜日が楽しくてしようがないタイプ(笑)。

――本郷先生もご家族に「ハッピー・マンデー親父」と言われているそうです(笑)。ここも共通点ですね。ところで、芳賀先生はなぜ不動産鑑定士になろうと思われたのですか。

**芳賀**　弁護士に憧れていたのですが、大学3年のとき、民法学者の篠塚昭次先生のゼミに、現役の不動産鑑定士がきて1時間くらい話してくれました。「司法試験より楽だな」と思って、すぐ乗り換えた(笑)。

――特に不動産に興味があったわけではないのですね。

**芳賀**　ええ、そのころは社会のことなど何も知らなくて、三大士業のひとつと言われてその気になったのです（笑）。昭和45（1970）年に地価公示制度ができました。早急に不動産鑑定士を養成しなければいけないというわけで国が後押ししていたのです。

## 資格はパスポート、勝負はそのあと

**本郷**　我々税理士もそうですが、資格で食べていけるわけではないですよね。資格はその世界に入るパスポート。その後が勝負です。時代の流れをつかみ、問題を見付け出し、資格者を束ねて解決したり、新しい仕事を創り出したりすることができるかどうか。

**芳賀**　まったく同感です。

**本郷**　これまでもそうでしたが、これからはもっと凄いスピードで時代が変わります。今の市場や仕事がずっとあるとは限らない。極端に言えば、裁判官だっていずれＡＩ（人工知能）に肩代わりされるかもしれません。

**芳賀**　不動産鑑定士もこのままでは「絶滅危惧士業」です（笑）。

**本郷**　しかし、一方で、将来を読む勘とか、問題を解決するためにどういう人を集め、どうコーディネートして進めるかといったことはＡＩにはなかなかできませんよね。

**芳賀**　ええ、極めて属人的ですし、答えは十人十色。マニュアルもないですから。

## 士業の殻を破り税理士に営業をかける

――おふたりはすでにその領域で仕事をされていらっしゃいますね。

**本郷**　芳賀先生はさまざまな士業の先生を集めて、セミナーで最先端の情報やノウハウを提供されています。そして、その中からビジネスチャンスをパッとつかんでいる。例えば、税理士に情報を提供しながら、税理士が困っている問題を見付け出して不動産鑑定の仕事に結び付けていらっしゃるし、相続問題に関しても、いろいろな関係分野の方とネットワークしてセミナーをされている。そうした発想力や行動力にはいつも感服しています。東京アプレイザルさんのセミナーの数たるやすごいですものね。

**芳賀**　年間300回。自前の講座だけでも200回を超えています。本郷先生をはじめ、タクトコンサルティングの先生方にもいつもご協力いただいています。

——芳賀先生が、税理士さんとのネットワークをつくろうと考えたきっかけは、何ですか。

**芳賀**　バブル崩壊でお取引先の金融機関がダメになり、不動産鑑定の売上が激減しました。そんなとき、本郷先生の本を読んで「これからは相続だ」と思ったのです。平成４（１９９２）年、相続評価に使われる路線価が公示価格の80％になりました。それまで路線価は公示価格の50％以下だったので、これなら不動産鑑定士の出る幕があるな、と。相続税の申告は税理士さんですから、まず、税理士さんとのネットワークをつくりたいと思ったのです。

――どんな戦術ですか。

**芳賀**　400件くらいの税理士事務所に、往復ハガキで手書きのダイレクトメールを出しました。アンケートで「不動産鑑定に興味がある」と答えたところに片端から電話で面会の約束をとり、「無料で鑑定評価をします。効果があると思われたら業務提携してください」と営業して回ったのです。

**本郷**　行動力がすごいですね。税理士もそうですが、士業は「資格を取りました、看板を掲げました、誰か紹介してくれないかな」

と口を開けて待っている人がほとんど。「営業する」という概念がないのです。芳賀先生のように士業の殻を破って自ら打って出ない限り、クリエイティブな仕事はできないと思います。

——おふたりの第一の共通点は、「型破り、枠壊し」ですね。

## 「そこそこ食える」状態に安住するのが一番危ない

——ほかの不動産鑑定士さんは、芳賀先生のやり方を追随しなかったのですか。

**芳賀**　しませんでした。地価公示の仕事をやっていれば、とりあえずは食べていけたからでしょう。

**本郷**　「そこそこ食える」というのが一番危ないのですよ。安定収入というと聞こえがいいけど、相手先がぽっとなくなってしまったらアウトです。私はいつもそういう危機感を持っているので、時代の変化にアンテナを張り、次の一手を常に考えています。ほかの業界なら、市場調査やマーケティング、営業活動はあたり前のこと。ほかの業界のほうが参考になります。

**芳賀**　同感です。経営戦略コンサルタントの塩見哲さんがこんな問い掛けをしていました。「漁師さんがいました。朝起きて漁に出ようと思ったら海がなくなっていました。皆さん、どうしますか」。

――なるほど。分かりやすい喩えですね。

**芳賀**　突然、海、つまり市場がなくなることが実際にあります。一例を挙げると、広大地の評価が地積規模の大きな宅地として大幅に改正されました。それによって鑑定評価の売上の3分の1くらいが消えてしまうのですよ。

――でも、芳賀先生の口調にはあまり悲壮感を感じないのですが。次の一手を考えるのがよくよくお好きなようですね。

**芳賀**　そうですね（笑）。ある意味では苦しい状況を楽しんでいますね。

**本郷**　私も似ているかもしれません。お客様や市場の動きは常に変化しています。変化こそ、新しいものや発想を生み出す母胎です。次に何が起こるか、そこを想像して次の流れをつかむ。もちろん全部が成功するわけではないけれど、思い付いたらとにかく挑戦してみます。失敗も経験になりますから、一歩も二歩も先に出られる。それをやり続けるのです。

## 実行なくして成功なし。まずはバッターボックスに立て

――今のお話もそうですが、士業の後輩や若い世代に何を求められますか。

**本郷**　情報を集めたり、分析したりする人はたくさんいますが、要は、やるか、やらないかです。バッターボックスに立たなければ

ヒットは打てない。バッターボックスに立ったら、見送り三振より、空振り三振です。

——バッターボックスに立つどころか、ベンチで吠えていたり、客席で評論したりしている人が増えているように思います。おふたりはためらわずにバッターボックスに立ってバットを振るほうですね。

**芳賀**　ええ。デッドボールもたくさん受けています（笑）。

**本郷**　ヤジも飛ばされますし、罵声も浴びます（笑）。

——「満身創痍の挑戦者」（笑）。これも共通点ですね。

**本郷**　セミナーを開けば批判も受けますが、楽しみもあります。私はセミナーの後、受付のところに立ってお客様に声を掛けます。「ご質問は？」では相手が身構えてしまうので、「こんにちは、どうでしたか」。こちらから声を掛ければ、必ず反応があります。「実は…」とか、「我が家では…」とか、生の話が聞けます。後で手紙やメールをいただくこともあります。私にとってはこうした生の反応が一番大事。そこから得るものは大きいですよ。現場感覚が磨かれます。

――講義が終わると、荷物をまとめてすぐに帰ってしまう講師の方がほとんどですが……。

**芳賀**　私は、まだまだ本郷先生の域には達していません。ざっくばらんな性格の私でさえ、お客様は距離感を感じるようです。腰を低くしているつもりですが、本郷先生のように自分から声を掛けるところまではいきません。いいお話を伺いました。

## コミュニケーション能力を磨いた20代後半

――お話を伺っていて、また、おふたりの共通点に気付きました。「コミュニケーション上手」。

**芳賀**　私の特技は、初対面の人といくらでも話せることです（笑）。
**本郷**　私はざっくばらんどころか、ざっくばらばらですから（笑）。
――もって生まれた性格でしょうか。それとも鍛えたのですか。
**芳賀**　誰とでも世間話ができるようになったのは、23～24歳のころ、2000件以上、中古住宅の査定をした経験が大きかったです。ご自宅の査定に伺うと、対応してくれるのはほとんどが奥様。40代、50代の奥様方とおしゃべりができないといけない。そこで随分鍛えられました。
**本郷**　私も20～30代に似たような経験をしています。市役所の無料相談をしていたのです。これで鍛えられましたね。建前は税務相談ですが、実態はよろず相談引き受け所。「最近、うちの主人の帰りが遅いんです。浮気しているんじゃないかしら」とか（笑）。「主人が入院したので、主人名義の預金を自分の口座に移しました。主人にはバレるのはかまわないけれど、税務署に見つかった

らどうしよう」とか。まるで落語のようですが、本当の話です。一般の人からすれば、こういうことが気になっているのですね。今でいう名義預金ですから全然心配ないのに、税理士さんの中には杓子定規に「税務署にバレたら贈与税がかかります」などと答える人もいました。今でこそ、相続税の知識はネットで拡散していますが、当時はこんなレベルだったのです。

## 男性は損得、女性は好き嫌いで判断する

――20~30代に経験されたことが、その後のコンサルティングビジネスやセミナーの土台になっている。資格の勉強だけでなく、幅広い経験を積んでコミュニケーション能力を鍛えたほうがいいのですね。

**芳賀**　そうです。特に女性のお客様の場合は、信頼を得られるかど

うかで決まります。ストレートに言えば、気に入られるかどうか。男性は損得ですが、女性は好き嫌い。嫌われたら絶対にダメですね。それには話し方がとても大事です。

**本郷**　そうそう。女性に資格や学歴、実績をひけらかしても、「鼻につく人ね」で、終わり。結婚相手じゃなく、相談相手ですから(笑)。フェイス・トゥー・フェイスのコミュニケーションで第一印象が決まってしまう。そこを鍛えないとその先には進めません。

――女性の心は「資格」や「肩書き」ではなく、「会話」で開く。同感です！

**本郷**　今はネットを利用してお客様を獲得する人もいます。入口としてはそれも一手でしょう。実際、そうした需要もあります。ただ、近寄りやすいという雰囲気だけでは、コンサルティングの場合はいずれ限界がくるような感じがします。

**芳賀**　参入障壁が低くて新規参入も多いですから、最後は値段競争になりそうです。

**本郷**　お客様が本当に望んでいるのは、少しキザな言葉で言えば、「価格」ではなくて「価値」だと私は思うのです。それには水面下に隠れた「ニーズ」をつかまなくてはならない。私はよく「相続は分割、納税、節税。優先順位もその順です」と言っているのですが、分割ひとつとっても、家族ひとりひとりの本音を聞き出してソフトランディングさせるのは容易なことではありません。これを本当に処理できる人はプロでもそれほどいないと思います。

## 「相続」を「争族」にしない。それがプロの勝負どころ

**芳賀**　私も、ご家族がハッピーになることが一番大事だと思います。でも、税理士さんの中には「家族の争い事を持ち込まないでくれ、話がまとまったらきてくれ」という人もいます。

――要は、「私の仕事は税務処理だけです」ということですね。

**芳賀**　そう、「家族の泥仕合には付き合いません」と。

**本郷**　泥仕合にならないようにするのが、プロとしての勝負どころなのにね。お客様の願いはそこなのです。お客様はそこで苦しんでいるのです。

――「話がまとまったらきてください」という人は、芳賀先生が先ほどおっしゃった漁師の話のように「朝、起きたら海がなくなっていた」という目に合うかもしれません。

**芳賀**　その可能性はありますね。

――ところで、芳賀先生が扱っている不動産鑑定のお仕事はネットを介して受けることができますか。

**芳賀**　できません。路線価では対応できない土地の評価ばかりなので、全部手づくりです。ただ、鑑定評価をしたほうが有利な土地は全体の5％程度。この5％の中には、例えば、通達どおりなら

1億円と評価されてしまう土地が、鑑定したら6000万円になるようなケースもあります。それを税理士さんに知ってもらうためにセミナーを開いたり、本を出したりしているわけです。鑑定評価で評価額が下がれば、相続される方は当然喜びます。税務署は鑑定書が大嫌いですが（笑）。

## 法人所有の不動産に注目

――東京アプレイザルさんと業務提携されている会計事務所はどのくらいですか。

**芳賀**　1000事務所くらいです。実際に仕事がくるのは200弱。年間に複数件の依頼がくるのは50事務所くらいですね。それを増やし続けないといけない。そこで、相続に限らず、「家賃や地代なども鑑定します。何でもご相談ください」とPRしています。

**本郷**　今、法人所有の不動産が動いています。M&Aとか、退職金代わりに不動産を渡すとか、兄弟で会社を分割するとか。法人が絡むと原則は時価です。鑑定評価が必要になる。そういう分野の仕事も税理士さんにアピールされてはどうでしょう。

**芳賀**　アピールしているのですが、まだまだタクトコンサルティングさんのようにM&Aや事業承継に積極的に取り組んでいる会計事務所は少ないですね。

**本郷**　法人所有の土地などの鑑定は数が少なくても動く額は大きい。しかも報酬は会社の経費になりますから、いたっておおらかです。

**芳賀**　なるほど。もっと力を入れてやってみます。

**本郷**　大手の会計事務所は創業100年もの顧問先企業をいくつかお持ちです。そうした老舗企業の多くは整理しなければならない不動産を抱えています。

――顧問税理士ではできませんか。

**本郷**　医者でいえば、顧問税理士さんは内科あるいはホームドクターのような存在。手術が必要なときはやはり外科の先生が必要ですし、難しい手術であれば専門家がチームを組んであたらなければなりません。

## 相続に関わる士業間で連携が必要

――専門家同士のネットワークは今後ますます必要になりそうですね。

**芳賀**　ええ。私は、先ほど言ったように、まず「ＤＭ＋営業」で税理士さんとのネットワークをつくりました。その結果、徐々に相続絡みの仕事が多くなり、セミナーなどでも税理士さんや弁護士さんなどほかの士業の先生方とのお付き合いが増えました。自然に相続についても詳しくなっていくうちに、相続ビジネスが士業ごとに縦割りになっていることに気付きました。そこで、横串を刺すために、平成12（2000）年に「相続アドバイザー協議会」を設立し、相続に関わる全士業の講座をつくったのです。

**本郷**　それ以前から、セミナーや情報交換会も開いていらっしゃいましたね。

**芳賀**　ええ、平成7（1995）年からセミナーを開いていましたが、本格的になったのは平成12（2000）年からです。士業の皆さんもやっと「相続はこんなに幅広く、奥の深いビジネスなのか」と気付かれたようです。

## 「節税ビジネス」から「幸福コンサル」へ

**芳賀**　相続アドバイザー養成講座では、弁護士の江口正夫先生がよく本郷先生のお名前を挙げて、「相続で一番大切なのは節税ではなく、円満に分割することだ」というお話をされます。その後に相続争いになったケースをいろいろ紹介するわけです。皆、それまでは節税が第一と思い込んでいますから、「へえーっ」と引き込まれて2時間があっという間に過ぎてしまう。

**本郷**　節税を優先すると分割しにくくなるのですよ。節税目的でアパートを建てたら分けにくくなるし、売りにくくなる。法人化したらもっと分けにくい。もし、1億円の現金だったら分けるのは簡単です。その日でおしまい。弁護士も税理士も要らない（笑）。納税にも困らない。ただ、節税ができないというだけの話です。

――でも、この単純な話が業界の中では全く無視されていますね。

**芳賀**　誰も食べられなくなるから（笑）。

**本郷**　そう、ビジネスありき、だからです。その結果、争いの火種になるような、やっかいなものを背負い込んで苦労している相続人がたくさんいるわけです。やはり、お客様が幸せになることを第一に考えたビジネスをしたいですね。

## 受講生やＯＢの成長と活躍が嬉しい

――相続アドバイザー養成講座をきっかけに、受講生の皆さんのネットワークができましたか。

**芳賀**　同期生の横の結束はなかなか強いですよ。

**本郷**　そういう人たちが切磋琢磨して成長して、今度は講師になるといいですね。

**芳賀**　そうです。私の願いは受講生をスターにすること。そうした優秀な受講生が育っています。

**本郷**　私の事務所のＯＢの中からも講師やスターが出ています。そういう話を聞くとワクワクします。

――また、共通点が見つかりました。「人を育てていること」。ところで、良い講師になるには何が必要でしょう。

**本郷**　知識があって話が上手という人もいますが、本物になるにはなんといっても現場の経験です。知識のコピー＆ペーストで話しているとやはり弱いですね。

――自分の経験なのか、他人の知識の受け売りかは聞いていて分かるものです。自分の経験で話している方は迫力があるし、どんな質問が出ても困らない。

**芳賀**　確かにそうですね。

## 話しているだけで、化学反応が起きる仲間はお宝だ

――「人や情報を囲い込まないところ」も共通点ですね。

**芳賀**　囲い込む人のほうが圧倒的に多いですが、情報は発信すれば

するほど、良い情報が集まってきます。

**本郷**　芳賀先生とは折りに触れて情報交換をしています。お互いにいつも新しいことを考えているので、話していると化学反応が起こるのです。いろいろなアイデアが次から次に湧いてきてワクワクする。こういう仲間はお宝です。

——そういうアイデアが出ると、きっとリスクがあっても挑戦されるのでしょうね。

**本郷**　そうです。「何もしないリスク」のほうが大きい時代ですから。

**芳賀**　私もよく、走りながら考えるタイプだと言われます。

**本郷**　それに考えているだけじゃつまらないですよね、芳賀先生。

**芳賀**　そうそう（笑）。

——走ってみないと分からないこともありますものね。アスファルトなのか、でこぼこ道なのか、ぬかるんでいるのか。

**芳賀**　でこぼこ道だったら、そのときにどう走ればいいか考えればいいのですよ、臨機応変にね。

――そういうタフな人は減っているような気がします。ゴールが見えないとスタートできないとか、アスファルト舗装じゃないと走れないとか。おふたりの突破力はどこからきているのでしょう。

**芳賀**　私は昭和28（1953）年生まれですが、時代的にも日本はまだ貧しかった。そういう時代背景も関係しているかもしれません。

**本郷**　私は性分かな（笑）。新しいことに挑戦するのが心底好きなのです。

**専門領域に留まることなく、幅広く学び、幅広く付き合う**

――士業の後輩や独立を目指す人たちに対して、改めてアドバイスを。

**芳賀**　ひとつの資格にこだわらず、幅広いネットワークをつくってください。不動産鑑定士も、相続や信託など幅広く勉強したほうがおもしろい仕事ができます。

**本郷**　同感です。専門領域に引きこもらず、いろいろな領域に関心をもち、ほかの士業と連携しておもしろい仕事を創造してほしいですね。市場はどんどん動きます。日ごろから問題を見付け、どうしたらいいか、自分で考える訓練をしてほしい。ひとりでは解決できないことは、ほかの専門家と取り組めばいいのです。そういう話をすると「報酬はどう分けましょう」とか、細かいことを言い出す人がいます。それこそ自分たちで考えること。問題を解決すれば成果が出るわけですから、報酬の取り方も分け方も自分たちで創造していけばいいのです。自由業だもの、報酬規程などありません。

**芳賀**　そこはまさに資格者の弱点ですね。

**本郷**　「資格の死角」です。

**芳賀**　「士業必見！　報酬のもらい方」という講座ができそうです。

**本郷**　ひとつだけヒントを言えば、お客様が一番嬉しいときにいただくことです。

**芳賀**　なるほど。本当に講座を考えますよ。そのときはよろしく（笑）。

**本郷**　芳賀先生と話していると、すぐ2つ3つと新しいアイデアが生まれますね。これからも、よろしくお願いします。

# 第3章　東京駅前時代

## 全国区目指し、いよいよ東京駅前へ

東京・新橋で過ごした16年間は、人材育成などの内部戦略、広報や人脈づくりの外部戦略をより強化でき、資産税に特化した事務所としての体制をしっかりと整えることができたと思います。さらに平成10年を過ぎたころからは、相続以外にも、M&A、企業再生、企業組織再編成といった特殊な仕事ができるほど、それぞれの分野で活躍する人材も育っていました。

そこで、タクトコンサルティングがもう一段階、飛躍するため、次の狙いを「全国区」に定めて東京駅前へ進出することを考えました。東京駅は、その名のとおり「東京のど真ん中」で、人も情報も全国から一番集まる場所です。「全国」を射程に入れた以上、これほどふさわしい場所は日本中でここしかありません。

そのころ、東京駅の周辺では大規模再開発が緒につき、たまたま旧国鉄所有地に大きいビル（パシフィックセンチュリープレイス丸の内）が新築されるというニュース

を聞き、その賃貸オフィスをさっそく申し込みました。家賃や保証金が高いのは承知のうえ、乾坤一擲、勝負に打って出ることにしたのです。
新築されたビルはとてもきれいで、エントランスが広くて入りやすい雰囲気でした。おそらく当時では最先端のビルだったと思います。タクトコンサルティングが借りることができたのは16階の角で、東京駅の新幹線の出発到着が一望できる最も見晴らしの良いところでした。
オフィスは、デザイナーに頼んで「見せる事務所」をテーマに手掛けました。特に応接は十分なスペースをとって、お客様にも気持ちよく過ごしてもらえる会議室をつくり、とにかく人が訪れてくださる、来訪者の視点を強烈に意識した空間とすることを心掛けたのです。

完成後、事務所のオープンには、たくさんの人が見学にきてくれました。まだ若かったころ、全国の先輩税理士の事務所を見学行脚していたとき、大きくて立派な建物の事務所を目にしては「いつかはこんなオフィスがほしい」と思っていましたが、東京駅前への進出を果たし、「ようやく自分もここまでたどり着けた！」と、そんな感慨を抱いたことを今でも覚えています。

## 日本随一の「場所の力」の効果

私にとって東京駅前への進出は、次の階段を上るための試金石として必要不可欠な挑戦でした。そしてその挑戦によって、来客される取引先には有名な会社が増え、仕事は大型案件が全国から寄せられるようになったのです。桁違いの金融資産を持つお客様を紹介され、さらに新橋時代には持ち込まれなかったであろう、財団法人や公益法人、持株会社の設立や、その処理といった複雑な事情を抱える相談もいただけるようになりました。

ビジネスではよく「場所が大事」と言われますが、東京駅前の持つ「場所の力」には本当に驚かされました。隣接する大手町には金融機関などの本店が少なくありません。要するに日本の経済の中心です。そうした関係者が気軽に立ち寄ってくれて、正確かつ濃い内容の情報をいち早く得ることができたのは、東京駅前という立地と新築したばかりのビル、そして「見せる事務所」の効果も少しはあったのだと思います。

## サポート体制に関根稔先生の協力を得て

新橋から東京駅前への進出にともない、関与する案件の金額が上昇しましたが、同時に内容も高度になり、実際問題としてタクトコンサルティング単独ではとても応じきれないようなケースも出てきました。

複雑な案件では、税法以外に会社法や民法も絡めた複合的な検討が必要になってきます。むろん、事案ごとに多様な専門家の協力を得て乗り切ってきましたが、それでも将来にわたる不安は払しょくできない段階に達していました。

そこで、弊社は「次のステップ」に入ることになります。以前から敬仰の念を持って注目していた関根稔弁護士に全面的なサポートをお願いすることにしたのです。

関根先生は、はじめに税理士資格を取得した後に司法試験に受かって弁護士登録し、さらにその後に公認会計士試験に合格したという資格三冠王です。各分野すべて熟知しており、ご著書やセミナーもたいへんすばらしいものでした。

当時、関根先生は市ヶ谷の法曹会館に事務所を構えていたのですが、ちょうどタクトコンサルティングのオフィスが増床できるチャンスがあり、私は「ぜひ一緒に仕事をしませんか」と声を掛けたところ、関根先生は快諾してくださったのです。

これによりタクトコンサルティングにとって関根先生は、いつでも相談できる貴重な知恵袋となりました。これほどまでに税法を熟知している弁護士が、疑問点を事前に聞ける「転ばぬ先の杖」であると同時に、仮にトラブルがあっても、それに対処する知恵を授けてくれる「転んだ後の杖」でもあるのです。こんなに心強いことはありません。

関根先生には『税理士のための百箇条』（財経詳報社　平成25（2013）年）というご著書がありますが、百箇条どころか五百箇条、千箇条と次々と湧き出てくるような先生です。そんな人がパートナーと言っていいぐらい常に近くにいて、日々ご高説を拝聴できるのですから、私はもちろんタクトコンサルティングのスタッフにとってもたいへん勉強になり、そして鍛えられる絶好の環境となりました。そしてこれは同時に、関根先生にも仕事の生の情報が入るという、持ちつ持たれつの関係を築くに至ったのです。

## 類は〝人材〟を呼ぶ

そのうち、メーリングリストによって、いつでもどこでも関根先生とやり取りができて、即答してくれた情報をメンバー全員がシェアできるシステムが構築されました。これは弊社のＯＢも参加できるもので、タクトコンサルティングにとって非常に大きな共有財産になったのではないかと思っています。

途中からは優秀な司法書士の先生もメーリングリストに参加してくれるようになり、登記実務のことはいつでも聞くことができるようになりました。仕事の幅が広がってきたことで、難解な登記案件に関する質問が出るようになっていたのです。

清水の舞台から飛び降りるような思いで臨んだ東京駅前への進出ですが、関根先生の協力を得ることで「類は友を呼ぶ」どころか貴重な人材を呼び集め、タクトコンサルティングの「次のステップ」は進んでいきました。

# 関根哲学「戦わずして勝つ」こと

関根稔弁護士を強力なサポーターとしたことで、関根先生の哲学のひとつ、「戦わずして勝つ」という考え方がタクトコンサルティング全体に浸透しました。この考え自体は、お客様のコンサルティングをするうえで私自身も持っていましたが、しかし関根先生の考えはさらに深い予防法学的な哲学に支えられたもので、多くの場面で大変助けられました。

税理士は、とかく節税に関してリップサービスをしてしまいがちです。しかし、費用対効果や国との争いにとられる時間を考慮し、大きなリスクを負ってまで、わざわざ税務署と戦う必要があるのかどうか。大変リスキーな節税をする必要があるのか、裁判所で争う必要があるのか、これらをしっかりと見極めたうえで「大人の解決を目指す」ことが、この哲学の根本です。

また税理士は、いかに顧客の税金を安くするか、そればかりに応えようとしがちです。もちろん、お客様のために良かれと思ってのことでしょうが、それがどれほど危ない橋を渡ることになるのかを冷静に考えなければなりません。しかも、そのリスクに見合う報酬をもらっているのかといったら、残念ながら受け取ってはいないケースがほとんどです。結局、お客様も税理士自身も窮地に追い込まれ、節税策が仇となってしまう現実があるのです。

「戦わずして勝つ」という考えは、私が資産税専門で自立するときにＴＫＣの飯塚毅博士からいただいた言葉「法形式の濫用禁止」に一脈通じるものがあります。飯塚先生は「法の網の目を潜り抜けるような仕事は、男子一生の仕事ではない」と、節税だけを目的にした経済行為を厳しく律していました。

## 相続は新しい境地へ

こうして税理士の仕事のあり方や相続について考える中で、相続を迎える人々の心模様やドラマについて掘り下げる書籍をいくつか出しました。相続は家族円満を旨とし、遺産分割では何とか争いを避け「軟着陸」させることこそが一番大切なのだと多くの現場の経験から体得したからです。そのことを相続のことで悩んでいる人々に伝えたい。そんな思いから、平成15（２００３）年には『生前相続』と『女の相続』（ともに文芸社）を出版しました。

『女の相続』は、娘、嫁、妻、母というそれぞれの立場で女性が相続を経験する現実をとらえ、男性には思いもよらない人生の選択を6編の小説にしたものです。一方の『生前相続』は、相続時精算課税制度の創設、つまり新しい財産承継の形にともなう私なりの提案を述べたものでした。

その3年後に出版した『「継ぐ」より「分ける」相続』（同）では、前著の考えを深めました。さらに、平成25（２０１３）年には相続の人間ドラマを多数紹介した『こころの相続　幸せをつかむ45話』（言視舎）をイラスト入りで出版しました。そして平成28（２０１６）年8月には、「相続対策から幸せ対策」をテーマとした『相続の6つの物語』（日本経済新聞出版社）を小説として出しました。ここで紹介したのは、被相続人（本人）の立場で資産を使って楽しく生きる「自遊自財」という考え方でした。

こうした本の中では節税の話はほとんど書かず、相続の現場で聞こえてくる、お客様の生の声を紹介しています。人は会社や財産を守るためにだけ生きているのではありません。人間が幸せになるために生きています。相続は人間、家族が主人公なのです。

## 「争族」と「争続」の言葉に込めたもの

遺産などをめぐって身内が争うことを指す「争族」という言葉は、私が30年以上前に『まんが相続税減量作戦』（ワコー出版　昭和62（1987）年）で使ったのが最初だと思います。文字どおり、「争う族」というダジャレです。ふざけた言葉ですが人口に膾炙したようで、聞くところによると今では辞書にも載っているそうです。これはやはり、相続は当事者にとって不幸をもたらすことが多いという見方が世の中に根付いてきた証拠だと思います。

親族の争いがどんな不幸をもたらすか、私は資産税を入口にして相続問題に取り組む中で、図らずも多くの現場を見てきました。

例えば、目の前の遺産分割協議が煩わしく、とりあえず相続財産を共有にしたり、同族会社の株式の節税のために持株会社をつくったり、土地を同族会社の所有にするなど、実質的な権利関係を複雑化して節税することがあります。

あるいは老舗企業や資産家として二代、三代、四代と続く家系にも、いくつもの不幸の種がありました。特に、長男による家督相続を重視して資産や事業の承継を進める一族ほど、長男以外の兄弟はあまり幸せでありませんでした。しかも将来の大国柱と見込まれる長男も、その実、兄弟からはあまり尊敬されていないのです。

こうしたケースで、「相続」が「争族」に、そして「争続」になっていく不幸を目のあたりにしてきました。

## 銭の「勘定」と心の「感情」

確かに、家を守る、土地を守る、財産を守るということ、それは「お家」にとってはとても大事なことです。しかし「お家」は守っても、家族を守らないケースや、節税と称して脱税に近いことまでするドラマのような凄まじい現実を見てしまうと、いったい全体、何のために生きているんだろうと、そんな強い疑問にとらわれたものでした。

だから私は、人間が幸せにならなければいけないんだということをアイロニカルに「争族」という言葉に込めて主張したかったのです。

それから、①円満な遺産分割、②確かな納税資金対策、③節税策――という3点を「相続対策の3原則」と称し、この優先順位を決して間違えてはならないことを広めました。ありとあらゆるところで、そういった文章を書いてきたつもりです。私が目指した資産税専門の仕事は、結局のところ人間が幸せにならなければ、価値ある仕事にならないということに気が付いてきたためです。それが前回書きました「関根哲学

『戦わずして勝つ』こと」で述べた一連の本の出版につながっていきます。

私の仕事の性質もそうした視点からだんだんと変化してきたように思います。数字にこだわるよりも、人間の内実を見届けるところに仕事の中心を置くようになってきました。

銭の「勘定」と心の「感情」を並べてみると、よく分かります。人間の感情は決して損得だけで判断できるものではありません。また家族にとって絆はとても大事なものので、勘定によって無視していいはずがありません。

言葉遊びに託して、そういう考えを強めていきました。

# ラジオ番組「ハッピー相続のすすめ」出演

せっかく故人が家族のために財産を残してくれたというのに、その財産が元で「相続」が「争族」になり、それまで培ってきた大切な家族の絆が失われてしまうことほど悲しいことはありません。資産税の仕事に関わるようになって一貫して感じてきたそうした思いは、ラジオ出演にもつながっていきました。ラジオ日本の「ハッピー相続のすすめ」というレギュラー番組で、平成19（2007）年から1年間にわたり、週1回のパーソナリティーを務めることになったのです。

番組では、相続税申告や節税に限らず、相続全般についての悩み全般を掘り下げました。相続問題はともすると、節税さえすればうまくいくと短絡的に考えがちです。もちろん節税が必要なケースがないわけではありませんが、節税ありきで相続問題が解決できるものではありません。そうしたことを不動産に詳しい相続アドバイザーや司法書士などのゲストとともに、具体例をドラマ化して解説しました。

例えば、円満な相続をするための心構えとして、こんなことを話題にしたことがあります。

「第一に、売り言葉、買い言葉は、絶対に使わないでください。ケンカをしたら終わりです。感情的にならないように、交渉は成立することを目的としています。第二は、譲り合うことです。お互いが一歩引くことです。家族の絆が最も大事なのです。ひとつのリンゴを2つに分けるとき、大きい小さいでケンカをしないこと。分け合えば幸せに、奪い合えば不幸になります。第三は、比較しないことです。多い、少ない、悔しい、もっともっとと欲深く考えないことです。親から相続して〝ありがたい、嬉しい、感謝する〟と、こんな気持ちで相続するとハッピーになれます…」といった具合です。

## 目の前の支出にとらわれないこと

相続財産を整理・換金する際には、例えば貸家の売却にあたっての入居者の立ち退きや、売却する土地の境界問題の解決など、相手があるためにお金がかかることが往々にしてあります。

ある資産家の話です。財産整理・財産分けの一環として、古い貸家とその敷地を数億円で売却することが固まりました。しかし、入居者の立ち退きで、せいぜい100万円程度の出費と見込んでいたところ、入居者から500万円だと言われて「足元を見られた！」と資産家が憤慨してしまったケースがありました。トラブルに発展して財産整理も頓挫しそうなケースですが、こうしたときこそ問題の本質を見誤らないことが大事です。数億円の財産分けをするときに、立退料の500万円にとらわれてはいけないのです。ここは割り切って、譲りあって問題解決に進まなくてはなりません。

ラジオでは、そういう考え方をゲストとの対話から示していきました。この話は「小さなお金、大きなお金」という題で、いまでもセミナーでたまに話しています。

一時の怒りや激情にまかせては取り返しのつかないことになりかねません。最も重要なのは「ハッピー相続」であることとです。この大原則を決して忘れないこと、それを広く伝えていくことこそが私のライフワークだと思っています。

# ハガキでコミュニケーション「お元気ですか」

身の回りで起きた何気ないことや、ちょっとした気付き、また心に留まったことなどをハガキにしたため、知遇を得たさまざまな方に向けて毎月送っています。コーヒーブレイク的に、ユーモアを交えた私のエッセイで、「お元気ですか」というタイトルを付けています。かれこれ23年になりますが、ありがたいことに〝読者〟には、お客様はもちろんのこと、さまざまな分野の専門家や業界人などもいらっしゃいます。

イラストレーターの原樹子さんが描いてくださるやわらかいタッチの挿絵が、私の拙い文章に花を添えてくださり、自分で言うのも何ですが、とても上品に仕上がっています。お客様との間のほんわかとした雰囲気、空気のように寄り添う関係をつくろうと、見て、読んで、感じてくれればと思って書いているものです。

私は、日常的な身辺雑記の中で、ちょっとした感動をお伝えするのが好きなのですが、そうした気持ちが伝わってか、時々「おもしろかったよ」と感想を送ってくださる方もいます。そんなときは正直に嬉しくなり、お客様との気の置けないお付き合いができて、離れていても繋がっているような気持ちになります。

## 一生お付き合いする覚悟を持つ

資産税の世界に飛び込んで、最初のうちはお客様との付き合いをどのようにしたらよいか、ずっと考えていました。とはいえ「この仕事の本質は何なのか」と、追い求めるというほど求道心があったわけではありません。ただ、資産税の仕事は、ひとつが終わったからといって、それでお客様との関係も切れるというものではないのではないかと、漠然と思っていました。

資産税の仕事で税理士は、その事案に関わる全員のために働きます。たとえ被相続人や相続人のひとりから依頼されたとしても、当然のことながら関係者全員と顔を合わせますし、全員の幸せのために知恵を絞り、汗をかきます。基本的に関係者は全員平等でありオープンです。

関わったすべての方と、その後もずっと付き合えるかどうかは分かりません。た

だ、長年この仕事をしてきて思うのは、資産税に携わる専門家は、徹頭徹尾、お客様と長くお付き合いさせていただくという覚悟をもって毎回の仕事に取り組まなければならないということです。あたり前のことのようですが、そうした自覚を常に持ち続けることがとても大切なのです。

毎月送っているハガキは、私のそういう気持ちの行動であり、少し格好をつけて言い換えれば、自分の立ち位置を明確にする志の表れなのです。

お陰様で「お元気ですか」は小冊

子にまとめられ、「ｐａｒｔ．１」から「20年のビンテージ」まで5冊を発行するに至っています。もちろん、これからも続けていくつもりです。

ただ、最近は話の内容にお笑い系が増え、お客様からいつ「まじめにやれ！」というお叱りを受けるかとヒヤヒヤしているのと同時に、ときたま寄せられる「おもしろいね」といったご感想に調子に乗っているこのごろです。税理士として「過笑申告」を提案してもいいのではないかと思っています。

# 「人の幸せ、家族の幸福」が仕事の基本

経営の3要素は「ヒト・モノ・カネ」であるとよく言われます。言葉としてはもちろん昔から知っていましたが、しかし現場感覚、実感として本当のところで理解してはいませんでした。税理士として「ヒト」を見ることをせず、お客様に対峙するといつも「早速ですが…」と、すぐに「モノとカネ」の話を進めていました。当時はそれがお客様のためだと思っていたのです。

事業承継の仕事に取り組んだときでした。いわゆる株価対策です。私はいつものように、いかに株の評価を引き下げ、後継者にうまく引き継がせるかということを提案していました。ところが、そこに著名な経営コンサルタントが参加してきました。そしてそのコンサルタントから言われたのです。

「本郷さん、本件で株価対策は必要ないですよ。この会社には後継者はいませんから。息子さんは社長の器ではありません。本人もそのことは分かっています。彼に会

社を継がせてしまっては、本人はもちろん、会社も家族も取引先も全員不幸になります。この仕事で一番大事なことは、オーナー（社長）にそのことをどう伝え、理解させ、第三者に経営をバトンタッチさせるかを考え、実行させることだと思いますよ」と。

なるほど、言われてみればそのとおりです。まさに私は「木を見て森を見ず」ならぬ「カネを見てヒトを見ず」という大局観のない仕事をしていたのです。

## 人は能力に応じた財産しか管理できない

もうひとつ、長年にわたり製造業のオーナー社長として経営を切り盛りされてきたCさんの話です。Cさんは70歳を機に経営から身を引き、家族に財産を残そうと大通りに面する一等地を自己資金5億円で購入。さらに5億円を銀行から借り入れてビルを建てました。竣工当初、Cさんは「これで相続税対策もバッチリだ！」と自画自賛でした。

しかし10年後、Cさんはビルと土地を売却してしまいます。元経営者とはいえ、ジャンル違いのビル経営の難しさを痛感し、同時に、自分の相続人は経営の素人である妻と娘であることに気付いたからです。自分の死後、多額の借入金を抱えたビル経営は2人にはできないだろうとの判断でした。後に残る妻と娘のために建てたビルでしたが、結果として2人のために売却を決断したのです。

弁護士の関根稔先生から教わった言葉があります。「人は、能力に応じた財産しか保有・管理ができない」。本人が生涯稼げる収入が仮に1億円だとしたら、1億円までの財産しか維持できない。これを「調整の法則」と言うのだそうです。

この「調整の法則」を現場に照らし合わせてみると物事の本質がよく見えてきます。お金や土地、または会社を守ることを生き甲斐とする人がいます。それはそれで価値観の問題ではありますが、ただ、そのために人が争い、時には誰かが犠牲になるのでしたら、それは本当に幸せの結果なのでしょうか。

資産税の仕事は、「人の幸せ、家族の幸福」が基本です。こんな簡単なことに気付くのに、私は30年以上を要してしまいました。人の幸せのために使われてこそ「生きたお金」と言えるのです。

## コンサルタントに学んだ実学

仕事は現場で学ぶことで鍛えられていきます。七転び八起き、八転び九起き、何度も何度も転んでは立ち上がり、前へ進んで挑戦してきました。もちろん、たくさんの本を読み、研修にいって勉強もします。特に事業承継、相続問題の解決に関しては、著名なコンサルタントの本を熟読しました。講演の録音テープは何度も聞きました。

実際に、コンサルタントの方とは、事業再生、組織再編、M＆Aなどの仕事を一緒にしました。一流のコンサルタントは、大局的なものの見方、価値観、考え方、手法、説得法など、どれを取ってもレベルが違っていました。また、プロジェクトチームに参加する弁護士や公認会計士、社会保険労務士、司法書士、そのほかの専門家のメンバーも、その仕事の正確性やスピード感は、さすが一流の技だと思い知らされました。自分の視野がいかに狭く、短期的で目先の損得だけで動いていたか、恥ずかしさでいっぱいで、困難な仕事であればあるほど、自分の力不足を痛感させられたものです。

中堅以上の会社や上場会社クラスを相手に、単純に節税だけが目的の提案をすれば、経営に大きな影響を与える大問題になることがあります。そして、単にオーナー一族の利益優先では、一流のプロジェクトチームの中で誰からも相手にされなくなります。

一般的に、経営能力のない役員やオーナーの身内の処遇などは、中小企業では「節税目的」で何とかするのが税理士の腕の見せ所です。しかし、そうした目先の損得は絶対に許さない姿勢こそが大切なのです。時には、経営成績を上げられずに赤字を出し続ける社長を交代させる提案だって必要なのです。そうした仕事人として長期的視野で自らを厳しく律する姿勢を、多くの一流に囲まれた現場から学びました。

## 一流に学んだ真の礼節

仕事のマナーに関して、印象的な出来事がありました。ある大会社のオーナーのご自宅へ著名なコンサルタントと一緒に伺ったときのことです。休日でしたが、ご自宅

に伺うと奥様が「こちらへどうぞ」と立派な応接間に通してくださいました。そこで私は何気なく席に着こうとすると、コンサルタントの方から「本郷さん、ダメ。そこは上座です。まだ立っていなさい！」とお叱りを受けました。

そして慌ててピンと姿勢を正すと、ちょうどそこへオーナーが入ってきました。「先生方どうぞこちらにお座りください。お休みの日にわざわざお越しくださって恐縮です」と言って、上座を指しました。するとコンサルタントの方は間髪を入れず「いえいえ、私どもは本日、仕事で社長に提案しに伺いましたのでこちら側に失礼します」といって下座の席に着きました。一瞬ですが節度ある振る舞いにオーナーは何を感じたのでしょうか。私は自分の無知を恥じました。

さらに帰り際です。話の中身は濃くオーナーは満足した様子でした。玄関を出て門まで見送ってくださいました。

「それでは失礼します」

「ありがとうございます」

車が走り出しました。私たちは車中から後ろを振りむいて会釈をしました。すると、オーナーは車が走り出しても、まだ頭を下げていらっしゃったのです。私は一流の人間の真の礼に触れ、ただただ身を縮めるばかりでした。

# 「社長の話」を伝え続けて20年

仕事を通じて体験したことや自分が気付いたことを社員に毎日メールで伝える「社長の話」を始めて20年以上になります。5年前には「会長の話」として表題替えをしました。メールを用いたのは、社員に面と向かって話すと説教臭くなるからです。仕事に対する自分の思いや現場で感じたことを自分の言葉で、数センテンスの短い文にしました。1～2分で読める量です。社員の反応や感想は聞かないことにしています。

内容は、仕事上の気付き、失敗談、仕事の流れ、自分の価値観、時には仕事の将来やヒント、ビジネスマナー等々、何が飛び出すか分かりません。日々の出来事がテーマですから話題に事欠くことはありませんが、お客様をはじめとした取引先の動きや社会の動向、日々起きるさまざまな事件など、自分自身がどう受け止め、何を感じ、どうするかを常に考え表現しているつもりです。20年以上も毎日書き続けていると、自分の仕事の一部になっています。

書くという行為は創造力を高め、感性を磨く訓練になります。もちろん、本や論文ではないので、論理的でも体系的でもありません。記憶を記録して、メモが文章になった程度です。ただし、分かりやすく、短く、具体的に書くことを心掛け、自分自身はとても緊張感を持っています。社員に語り掛けているようで、実は自分自身に語りかけているのです。

## 他業種からのありがたい反響

すでに一部は税務・会計関係のポータルサイト「タビスランド」で発表されています。さらに『ほんもののコンサルタントになる本』（住宅新報社　平成16（２００４）年）、『心をつかめ！　コンサルタント』（同　平成21（２００９）年）として出版もしています。

一部内容を紹介します。「お札よりお礼が先」というテーマのものです。お客様のところへ伺ったときに税理士は自分の仕事を早く済ませたいので、挨拶もそこそこに「早速ですが…」と事務的に仕事に取り組みます。お客様の気持ちは全くと言っていいほど聞いていません。これではお客様を理解することはできません。一歩引いて、十分にお客様の声を聞いてから、ゆっくり仕事に取り組むことが大事だという話です。

出版した本の反響は意外でした。税理士業界だけでなくほかの業界、特にファイナンシャルプランナー（ＦＰ）や司法書士、不動産関連の仕事に関わる営業第一線の多くの方が「読んでいます」と声を掛けてくださったのです。

税理士業界では、開業して間もない人に読んでもらっています。セミナーの補足資料「ホンゴウ語録」として部分的に紹介しています。そのときにも、「ぜひ本にしてください」とリクエストをいただき励まされます。

調子に乗って続編をまた出版する予定です。軽いタッチです。気楽に読んでいただければ結構です。「会長の話」はこのままエンドレスで、書き続けていくつもりです。私の生き様そのものです。

# 本郷流「人生三分法」

「人生100年時代」と言われていますが、私はこれを3つの期に分け「学ぶ30年、働いて子育てする40年、経験と資産を活かして楽しむ30年」と捉えることにしています。本郷流「人生の三分法」です。もちろん、生涯ずっと学び続けることができ、人の役に立つために働けるとしたら最高です。しかし、人生なかなかそうはいきません。私は古希を迎え、「活かして楽しむ30年」に入りました。

70歳といえば、世間的には「楽しむ期間」というよりも「被相続人候補」という立場で捉えることが多いかもしれません。そこで、私は自分自身に問い掛けてみました。「お前は子どもに財産を残すために相続対策をするのか？」と。すると私は即答しました。「しない。その気は全くない。生涯やりません。興味もありません」と。

そして、「それでは子どもに財産を残す代わりに何かしたいことでもあるのか？」と、もう一度問うてみました。すると今回は少し考えて、「うん、ある。やりたいことは、いっぱいある。山ほどある。どんどんやらなくては追い付かない。人生まだまだこれからだ」と答えました。やはり私にとって70歳以降は「楽しむ期間」なのです。

## 残すべきは「資産」ではなく「思い出」

最高の「資産残高」を記録する相続対策よりも、最高の「思い出残高」を考慮する人生を目指しています。セミナーでも「相続対策より自分自身の幸せ対策を！」と提案していますが、これは子ども側に立った従来の相続対策からの大転換です。

これまでの考え方の根底には、民法旧規定の思想である、家父長制に基づく「長男家督相続」の思想があります。家の財産（または事業）を守り、長男などに承継させることを第一の目的に据える発想です。こうした考え方は、代々継承してきた地主さんや老舗企業なら、ある意味で仕方がないのかもしれません。しかし、夫婦二人で財産を築き生きてきた人や、一代で財産を築いた人は、やはり人生の第三期は自分や夫婦で楽しむものであってほしいし、私もそうありたいと思っています。

しかし、「楽しむ期間」は30年あるとはいえ、本当に元気に動けるのは、私の場合は今から10年くらいだと思っています。人生の賞味期限は長いようで短いのです。そのことは、多くのお客様を見てきて感じます。

そこで、70歳からを充実した「楽しむ期」とするために「やりたいことノート」を書くことにしました。第三期の自分のための人生設計です。子どもたちに財産を残すことを考えた「エンディングノート」なんて後回しです。財産は「貯めて、守って、残す」のではなく、「稼いで、使って、楽しむ」ものです。子どもは最後に残った分を相続すればいいのです。

しかし、現実問題として、私を含め男性はお金の使い方を知りません。実際に財産を使うのは女性（奥様）で、そのため老後の生活設計の中心も女性ということになるでしょう。こうした状況について、私は「老いては妻に従う」と言ったところ、漫画家の柴門ふみさんは「老いては夫を従える」と述べておられました。やはり、とてもかないません。

ちなみに、私の遺言書は「全財産は妻に相続させる」という一言のみです。

## 縦より横への相続

一般に相続対策といえば、①財産分割を上手に行う、②納税資金を確保する、③節税する――という3つが王道と呼ばれるところでしょう。これは、親が亡くなった後に「相続人である子どもが困らないために」ということをテーマにしたものです。とかく日本人は子どもを家の中心に据えます。子どもが生まれたとたんに、家族の呼び方も「おばあちゃん」「お父さん」「ママ」など、家中が子ども目線になります。その根底には、前回も少し触れましたが、民法旧規定の「長男家督相続」的発想により、家の財産や事業を継いでいくことこそが家族の目的の最上位にあるためでしょう。代々続く地主さんや資産家、老舗企業などに顕著に見られますが、こうした価値観は、相続に対する常識として、多くの日本人のＤＮＡに刷り込まれていると思います。

もちろん、人の価値観はさまざまです。家督を優先する考え方を持つ人がいても、それはその人の勝手です。税理士が口を出して改めさせることではありません。ただし、税理士が何の疑いもなく、そうした〝常識〟が普遍的なものであるかの如く、どの顧客に対しても「節税して子どもに残すのが最大の目的です」とビジネスを進めているのは、どうにも無分別すぎる気がしてなりません。

代々続く資産家や老舗企業以外の一般家庭では、財産は親から独立した夫婦2人で築いたものであることがほとんどです。ダンナさんが稼いだとしても、それは「内助の功」があっての成功で、夫婦の共同作業です。そうした大前提を忘れて「いかに財産を子どもに残すか」と税理士が〝常識〟を振りかざすのはおこがましいとすら言えます。

一代で財産を築いた人の相続は、夫から妻への「横への相続」です。夫婦で築いた財産なのですから、子どもにはお裾分け程度でいいのです。財産形成に何ら貢献していない子どもがとやかく言う余地はないはずです。

## 家族のために節税よりも大事なこと

さらに、いまや100歳だって珍しくはない時代にあっては、夫に先立たれた妻の相続後の生活保障という意味もあります。そうしたことを視野に妻の生活や立場を確保するべきです。これは完全に「親の目線」です。従前のような「子どもの目線」は考慮しないため、子どもの相続財産はゼロになることすらあります。

このようなことを言うと税理士からは「二次相続のことを考えれば、一次相続時に子どもに相続させることで税金が有利になる」という意見が必ず出てきます。実は、私もそうした提案をしてきたことが何度かありました。しかしあるとき、顧客のひとりからあっさり言われたのです。

「本郷さん、いいんですよ、子どもの税金なんて。妻の死後に財産が残っていたら、そのときは自分らで払えばいいんだから。それより、妻は長生きするかもしれないし、そうあってほしいと思う。子どもらの税金の心配なんかより、妻がしっかり財産を持っていることが大事なんだよ」

衝撃でした。税金対策を振りかざした自分が恥ずかしくなるくらい、奥様に対する揺るぎない愛情と深い感謝に裏打ちされた、強くあたたかい言葉でした。

相続に携わる税理士は節税にとらわれず、すべからく家族の真の幸せに思いを寄せなければならないのです。

## 社長辞任――出会いに恵まれた人生

東京駅前へ進出して10年が経ち、私が65歳になったときに、仕事で大きな問題に直面しました。私はストレスで以前から抱えていた持病が悪化し、医者からは「このまま今の仕事を続けていると命の保証はできません」と、とうとうドクターストップがかかりました。

そして友人の弁護士から「問題処理は誰かに任せて、あなたは仕事を離れなさい。そのためにスタッフも弁護士もいる。解決しない問題はないのだから」と落ち着いた口調で言われ、救われる思いがして経営を退く決意をしました。実は私は自分の胸の内では65歳で社長を辞めることを以前から考えていたので、ちょうど良い機会だったのかもしれません。

後継者には、金融機関出身で仕事熱心な玉越賢治さん（現社長）を指名しました。経営力、統率力、仕事力は十分で、誰もが認める存在でした。そして〝いぶし銀〟の存在感を持った久保田佳吾さん（現専務取締役）とともに、その大ピンチを救ってくれたのです。弁護士さんが言われた「誰かが必ず解決してくれる」というのは本当でした。2人は守りとピンチに強い人物で、私が持っていない能力で救ってくれたのです。

さらに、若手の山田毅志さんと田中陽さん（ともに現取締役）も台頭してきていました。この実力十分な4人が役員として会社の中心となり、今や全国を飛び回っています。

外部の方からは「本郷さんは、事業承継を上手にやられましたね」と言われますが、それは全くの誤解です。私は任せただけで、後を任された役員がしっかり受け止めてやってくれたのです。

## 〝会長人脈〟で学んだこと

さて、社長を辞めた私は「会長」になりました。肩書だけの会長です。役員会には一切出席しません。経営には口も顔も出しません。税理士法人の代表社員も辞任しました。タクトコンサルティングの動く広告塔として講演、執筆、本の出版を続けていますが、経営には完全にノータッチです。

ただし、ヒラの税理士のひとりとして現場の仕事は続けています。純粋に仕事が好きだからです。現場が好きで、生きている人間が好きで、そして何よりも、この仕事が私の生き甲斐だからです。

会長の肩書が付いて驚いたのは〝会長人脈〟ができたことです。「本郷さんは会長になったんだね」とさまざまな業界から声が掛かり、上場会社の社外取締役、公益財団法人の理事、監事等々の就任依頼を受けるようになりました。いずれも責任ある仕事であり、すべてを引き受けることはできませんが、可能な限りやっています。

そして会長人脈で気付いたことは、尊敬できる会長は、私のような新人会長に対しても総じて皆さん腰が低く、そして表情がとても豊かなことです。ある先輩会長は仰いました。

「本郷さん、会長になったら損得から離れなさい、視野を広げなさい、人の世話をしなさい、自分で動きなさい、学び続けなさい、先を見なさい」――と。会長の心得というよりも、私は人間の真の生き方を学んだような感動を覚えました。

若いときから現在まで、私の人生はこうした素晴らしい諸先輩方、素晴らしいスタッフ、素晴らしいお客様に支えられて生きてきました。「なんと幸せな人生か」と、心より思う古希の今です。

## これからも日々を新たな気持ちで

タクトコンサルティングの代表を退いて会長に就任してからは、公益財団法人の監事や社外取締役などはじめての貴重な経験をさせてもらいました。これまでも税理士としては上場企業の多くの経営者の皆さんとお付き合いしてきたため、その仕組みや責任などは私なりに理解しているつもりでいましたが、しかし末席とはいえ実際に役員のひとりとして当事者になってみると、その緊張感とプレッシャーたるや、事前知識と実体験では天と地ほどの開きがありました。上場企業の社外役員としてはじめて取締役会に出席したときには、緊張のため私はまるで入学したばかりの小学1年生のように小さくなってしまいました。また、はじめて役員として株主総会に出席したときは自分が刑事裁判の被告席に座らされたような気持ちでした。

しかし、どんなときでも自分の意見をしっかりと表明できなければ役員としては失格です。皆さん、とてつもない緊張感の中で仕事をされているのだと身をもって認識できました。貴重な経験をさせてくださった諸先輩には心より感謝です。

一方、個人のお客様とは、社長時代よりも、ゆっくりじっくりとお付き合いできることになりました。元々、仕事が好きで、現場が好きで、人間が好きですから、今の仕事が楽しくて仕方がありません。

資産税コンサルに関する仕事は、お客様のご家族、会社、人間関係が次から次へと展開していく壮大なドラマに寄り添います。お客様と一緒に年輪を刻んでいく一生のお付き合いです。その中で、私から何かを売り込むようなことはありません。積極的な節税の提案もしません。ただ相談に乗って一緒に答えを見付ける努力をするだけです。

## 吹けば飛ぶよな稼業だが

人生100年時代と言われる今は、子どもに相続する際の税金対策などは二の次であると考えています。「おまえ百まで、わしゃ九十九まで…」という言葉のような、仲良く元気な夫婦が理想で、そのためにも子どもに資産を残す「縦の相続」でなく、妻に渡す「横の相続」に力を入れるべきだからです。何十年も一生懸命に働き、そしてリタイア後は100歳まで（できればそれ以上も！）生きていく自分たちの立場で考えなければならない時代です。そのための伴走こそが税理士としての私のスタイルです。

もちろん、人々が生きていくこの世の中で、税理士は農家の方やお医者さんほどには必要不可欠な仕事ではないかもしれません。税理士業は〝吹けば飛ぶよな稼業〟であり、私たちができることなど、本当に本当に小さなことです。しかし、そのほんの小さなことで、お客様の人生を大きく変えることもあります。そうしたことを、私は多くの先人から教わってきました。

どうぞ、これから羽ばたこうとする若い方々は、ＡＩ（人工知能）には補いきれない税理士の真のテーマを大切にしてください。税理士の仕事は決して税金対策だけではないのです。私もまだまだ、今後も経験を積みながら、日々を新たな気持ちで仕事に励んでいきます。

## 〈対談〉あのころを友と振り返る (3)

関根稔法律事務所
弁護士・公認会計士・税理士

# 関根　稔　さん

顧問として付き合いのある税理士から一か月に100件を超える質問を受けている。税法の実務の情報が大量に集まる法律事務所を経営。

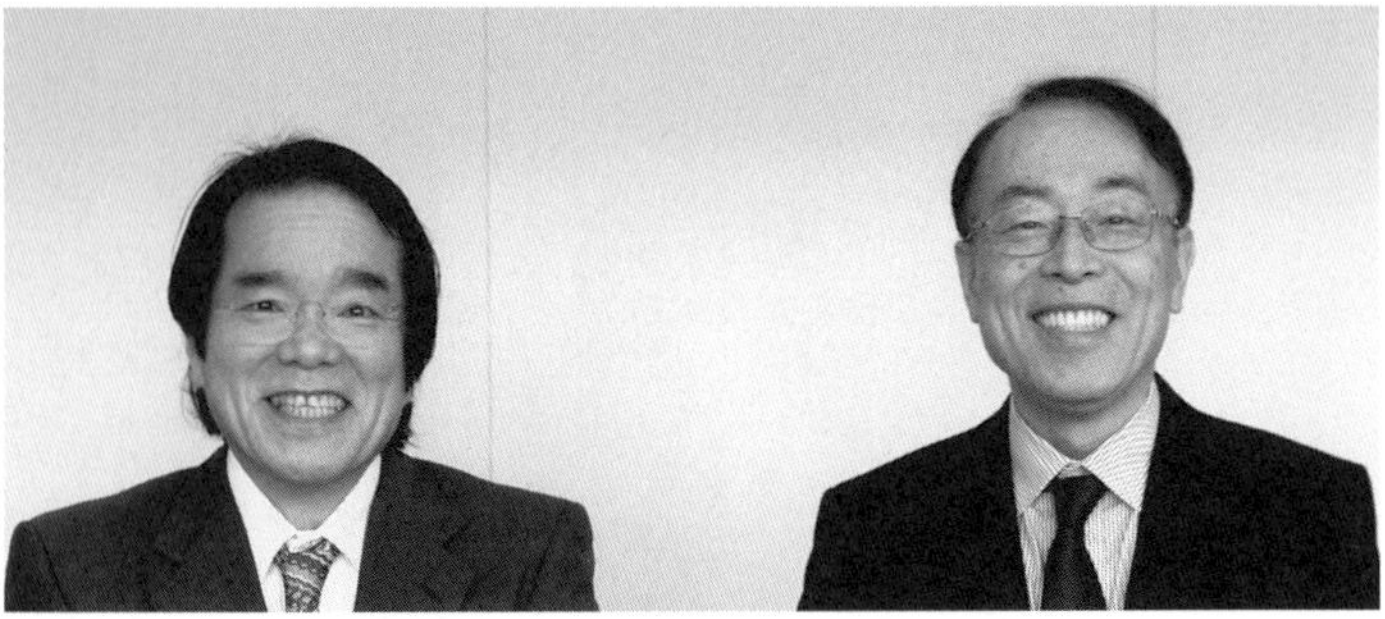

関根稔さん（左）と

関根先生は、一言一言が私の創造欲を刺激し、
成長させてくれます。
才能あふれる良きパートナーに巡り会えたことに
感謝、感謝です。

——本郷 尚

## 「すごい人がいるな」が、お互いの第一印象

――おふたりが最初に出会ったのは、本郷先生が、タクトコンサルティング社内のセミナーの講師として関根先生を招いたときだったと伺っています。

**本郷** そうです。ただ、私はだいぶ前から関根先生を知っていました。税理士会で関根先生のセミナーを受けて「税法にものすごく詳しい弁護士さんだな」と思っていました。お話も軽快で、視点も多角的で、とてもおもしろい。その後、税理士と公認会計士の資格も持っている「資格三冠王」と知り、憧れの眼差しで見ていました。ぜひ一緒に仕事をしたいと、ずっと思っていたのです。

――関根先生は、本郷先生のことをどうご覧になっていたのでしょう。

**関根** 資産税の先駆者として大きな事務所をつくり上げていました

から、お名前は昔から知っていました。経営者としてもやり手で、積極的な節税策を提案する事務所だろうと思っていたのです。資産家を相手に資産税の仕事を手広くされており、業界でも別格の存在でしたから、ある意味でやっかみの対象でした（笑）。

## 東京進出を契機に、関根先生に「求愛」

――お互いにすごいなと思っていらしたのですね。現在、オフィスも隣同士ですが、どちらからアプローチされたのですか。

**本郷**　私からです。資産税の仕事は常にリスクを背負っています。よろず揉め事引き受け所みたいに、さまざまなトラブルや相談が持ち込まれますし、法人も絡んできます。税法だけではなく、商法や民法など幅広い法律知識が欠かせません。外からみると、イケイケドンドンで派手に見えるかもしれませんが、私には案外臆

病で慎重なところがあります。さまざまなリスクに対応するために、法律の専門家に近くにいて欲しかったのです。それで、以前から税法にも詳しい関根先生に白羽の矢を立てていました。新橋から東京駅前の超高層ビルにオフィスを移してすぐ、偶然、隣のオフィスが空きました。千載一遇のチャンスだと思って「こちらにきて一緒にやりませんか」とお誘いしたのです。でも、こちらが熱烈に求愛しているのに、関根先生はかなり躊躇されていましたね。

**関根**　本郷先生は「攻め」の仕事をされる方だと思っていたのです。私はもともと「守り」の弁護士。「裁判を起こさないほうがいい」という発想で仕事をしていたので、本郷先生の期待に応えられるか、不安だったのです。それに、もし、私の力不足で本郷先生のお客様が裁判に負けるようなことになったら、本郷先生との関係も難しくなるのではないか、隣同士では逃げようがないし……などといろいろ考えて即答できなかったのです。

――そうした不安が氷解したのはいつですか。

**本郷**　やりながらです。

**関根**　ええ、本郷先生も「揉め事を起こさない、平和こそが一番大事」という考え方だということが、やりながら分かってきました。本郷先生と私は、税理士と弁護士で立ち位置は異なりますが、不思議なことに語ることは一致している。仕事の話も雑談も。

## 士業としての使命感と、人としての倫理感

――本郷先生は40年あまり税理士の仕事をされていらっしゃいますが、士業の陥りやすいリスクとはどんなことでしょうか。

**本郷**　税理士の特性というか本性というか、節税に走りたがるところがあります。しかし、危ない橋を渡ってまで節税してはいけな

い。これは若いころ、師と仰ぐ飯塚毅先生から教わりました。

**関根**　弁護士も「クライアントの役に立たなくては」というプレッシャーで生きているわけです。それをあえて争わずに事を収める。つまり、いかに弁護士として役に立たないようにするかが、人間性です（笑）。

**本郷**　税理士の中にも「自分ならこんなに節税できる」と存在感を示すために、際どいことをしてしまう人がいます。

**関根**　士業は、同業者に知的競争を仕掛けたがる傾向があります。

**本郷**　士業としての使命感と、人としての倫理感、時に相反する関係になる部分もあるので難しい。この世界で失敗する人は、売上がなくて失敗するのではなく、自分で墓穴を掘ってしまうのです。

## 節税より、円満な解決を望む人は多い

――「お客様が節税を求めるから」という部分もありませんか。

**関根**　マスコミ的にはそうですが、実際は、節税より円満な解決を望んでいる人が多いと思います。むしろ、税理士の方がお客様に節税を啓蒙しているようなところもあるんじゃないでしょうか。誰だって専門家の言うことは信じますし、税金をもっとたくさん払いたいという人はいませんから。

**本郷**　メディアが取り上げるのは揉めた相続ばかりです。「家庭円満に分けました」ではニュースにならない（笑）。

世の中の風潮としても「税理士の仕事は節税だ」というふうに思われています。これも一面、真理ではありますが、節税を売り物にしたビジネスに加担して、祭り上げられてしまうのは大変危険だと思います。タクトコンサルティングのスタッフがそういう

ことにならないように、関根先生にもブレーキをかけてもらっています。

## 相続に弁護士を引っぱり出してはいけない

――本郷先生も常に「相続で一番大事なことは節税ではなく、家族円満だ」と言い続けてきましたものね。

**関根**　円満に相続を終わらせるためには、弁護士を登場させてはいけません。100人の弁護士に「相続は揉めますか」と聞いたら、全員が「揉めます」と答えます。揉めた相続しか弁護士に相談にきませんから、当然です。逆説的に言えば、一方が弁護士を立てれば必ず揉める。ですから、私は後ろで知恵は出しますが、表には出ていかないのです。

**本郷**　その辺りの考え方が一致するのです。

**関根**　講演会でこのような話をします。医者の長男は「絶対に医学部だ」と育てられ、医者になった。次男は医者になれなくて引きこもりになった。長女は結婚できなかった。もし、私が医者である長男から遺産分割を依頼されたら、私の使命は弁護士として長男の利益を守ることですから、3分の1の権利を主張せざるを得ません。けれども、税理士の本郷先生なら、経済的に厳しい次男や長女のことを考えて、皆の生活が成り立つような提案ができます。その違いです。

**本郷**　最初、私は弁護士さんが怖かったんです。遺産分割に我々が首を突っ込んでいくと、「弁護士法違反だ」「非弁行為だ」と言われるのでね。でも、関根先生と一緒に仕事をしていると、弁護士さんとの交渉が全く怖くなくなりました。むしろ合理的な話ができるな、と思うようになりましたね。

**関根**　ビジネスを専門としている大手事務所の弁護士と交渉したの

ですが、全く争うことはなく淡々と話し合い、最後は「ありがとうございます」「よろしくお願いします」のふたことでした。

**本郷**　交渉事は「ありがとうございます」、「よろしくお願いします」、それに「よかったですね」。この3つで終わるのが一番。闘えば互いに傷を負う。労多くして益少なしです。交渉は成立することを目的としています。大局観があり、枝葉末節にはこだわりません。

## 現場と膨大な情報・知識がリンクする

――関根先生が隣にいらしてから、どんな点が一番変わりましたか。

**本郷**　若いスタッフが、関根先生に一番大事なことを教わってぐんぐん成長していることです。関根先生はひとことで本質を突く言葉で語ってくれます。グサッと胸に響くと思います。

**関根**　私もいろいろ学んでいます。タクトコンサルティングの皆さんと一緒に仕事をしていなかったら、組織再編税制などの新しい税法に追い付けなかったでしょう。これは現場の経験や知識がないと分かりません。M＆Aや会社分割、合併などを積極的に手掛けているタクトコンサルティングさんの隣にこれたから得られたものはとても大きい。事件はいつも現場で起きているわけですから。

**本郷**　今、現場で起きていることが、将来の税制改正につながります。タクトコンサルティングはその最前線で仕事をしています。つまり、現場で起きていることと、関根先生のところに集まる膨大な情報や知識がいつもリンクしている。鬼に金棒です。

――税法はそんなにコロコロ変わるのですか。

**本郷**　世の中の変化に合わせて毎年変わります。お客様からすれば千変万化です。

**関根**　税法は経済の最先端。だから税法から経済を学ぶこともできます。ちなみに民法はほとんど変わりませんが。

会社法が改正されて会社分割が可能になっても、それだけでは誰も実行しません。どういう課税関係になるかが分からなければ、誰も動かない。まさに世の中は税法主導で動いているのです。また、政府にとっても税制はものすごく重要です。実際に政策を動かすカギは税制ですし、税務署こそ「稼いでくれるお父さん」ですからね。そのほかの省庁は「お金を使うお母さん」ばかり（笑）。

## 語り合うことで、自ずから答えが出る

――本郷先生にとって関根先生とはどのような存在ですか。

**本郷**　私たちはよく雑談するのですが、この雑談が考えるヒントになっています。関根先生が何気なくポロッと話したことから、いろいろな発想やイメージが膨らむ。

――化学反応している感じですか。

**本郷**　まさにそうですね。

**関根**　徒然草に「よき友三つあり。一つには物くるる友。二つには医師。三つには智恵ある友」とあります。この「智恵ある友」とは、知識を教えてくれる友ではなく、語り合っていると、自ずから答えが出てくるような友。本郷先生と私もそういう関係ではないかと思います。

**本郷**　そうですね。ひとつのキーワードから、３つも４つも新しいキーワードが生まれてくる感じです。

## メーリングリストで情報・知識を共有

――タクトコンサルティングでは、社内のメーリングリストで常に情報を共有されているそうですね。

**本郷**　ええ、このメーリングリストにはタクトコンサルティングのOBも入っています。関根先生に入ってもらったので、皆、いつでも先生に質問できます。知識も一番豊富で、レスポンスが抜群に早いうえに的確なので、関根先生を中心に回っています。

**関根**　質問にはできるだけ早く回答するようにしています。質問する方は、今、不安を抱えているのですから、必要な答えは「今」。これは「あなたを大切に考えていますよ」という、私なりの意思表示なのです。情報や知識はどんどんオープンにしています。情報や知識を人に教えることで、教わった人以上に教えた方に収穫があります。人に教えたらそれを超えようとする。だから自分の

知識も深まるのです。

**本郷**　そうですね。情報は発信すればするほど、よい情報がたくさん集まります。明日の100点より今日の60点です。

**関根**　ひと昔前とは情報交換のスピードが格段に違います。メーリングリストに質問を書き込めば、10分後にはいろいろな人から答えが返ってくる。

**本郷**　違った角度からのコメントももらえるし、実体験した人のコメントもくる。内容が深まりますよね。

**関根**　発言しない人も、見ているだけで生きた知識を得られますし。

**本郷**　知識の共有は実務上、とても重要です。通常、税というと法人税や所得税、相続税、贈与税くらいはすぐに思い付きますが、資産税の実務では非常に多くの税法が関わってくる。不動産を動かせば、不動産取得税や登録免許税、印紙税、諸費用もかかる。お客様はすべて払わなければならないわけです。

**関根**　どんな税金がかかるのか、最初に全部お客様に説明する必要がありますよね。説明されていなかった支出が後から出てきたら、お客様も納得がいかない。

**本郷**　それで信用を失ってしまうことだってあります。特に資産税の場合は、関わってくる税法がたくさんありますから、こうした知識も皆で共有しています。

## 士業者は一匹狼。不安や疑問を潰し、正しい判断を支える

――正確な情報がすぐに得られる。これは大きいですね。

**本郷**　タクトコンサルティングには多くの税理士がいますが、それぞれの案件を担当していますから、仕事のうえでは一匹狼。上司に相談することはあっても、基本は自分で考え、自分で判断しなくてはいけない。大きな責任を背負っているから怖いのです。

メーリングリストは情報を共有できるとともに、疑問や不安を潰していけるとても便利なツールです。メンバーの中には、弁護士さん、司法書士さんなどもいますから、全方位で確認がとれます。

**関根**　司法書士さんの知識は絶対必要ですね。

**本郷**　そう。事務手続きをするのは司法書士さんですから。

**関根**　民法で解決しても税法でダメになればアウト。そこをクリアしても登記できなければアウト。最後に手続きをするのは司法書士さんですから。

## コンサルに必要なのは「勘定」より「感情」を読む力

――相続税の基礎控除の引き下げにより課税対象が広がりましたが、資産税のコンサルというと、まだ一部の資産家だけのためのものという印象が強いように思います。

**本郷**　本当は対象はもっと広いんですよ。

**関根**　アパートを建てるとか、自宅を売却するとか、自宅を夫婦共有にするとか、すべて資産税に絡む話。お金持ちは失敗して多少損をしても生きていけますが、普通の人は失敗できない。だからこそ、資産税や資産管理、資産運営の知識が必要なのです。

――資産税に特化した事務所はまだ少ないように思います。

**本郷**　資産税のコンサルは損得勘定もありますが、一方で人間を観る目がないとできません。例えば、お客様の事業承継に関わる場合でも、後継者に経営者としての能力があるかどうかを見抜けないとベストなご提案はできません。相続にしても、家族関係を見極めないと円満に資産を分割するご提案ができない。そうした難しさがあります。

**関根**　世の中には、相続に対する思い込みも多いですよね。例えば、ご主人が亡くなった場合、一般的に配偶者が2分の1、その残りを子どもで分けるものだと、皆、洗脳されている気がします。あれは民法に書いてあるだけで、私なら迷わず女房に100％残します。子どもたちは財産形成に寄与していないし、独立して生きていけるだけの教育投資をしているわけですから。

**本郷**　親の立場に立てば、子どもに財産を渡す理由はどこにもないですね。

——これについては、おふたりとも完全にご意見が一致していますね。

**本郷**　いや、3人とも、でしょ（笑）。

——そうでした（笑）。

**関根**　女性は長生きですから、お金が必要だし、財産を持っていた方が子どもたちにも大事にされるでしょう。自分で使って楽しんで、最後に残ったものを子どもたちに渡せばいいのです。でも、世の中一般はもちろん、専門家もそういうアドバイスをしません。おかしな話です。

## 次に取り組むテーマは「縦より横の相続」

**本郷**　それこそ関根先生と私の次のテーマである「縦より横の相続」です。

**関根**　昔は、親から子や孫へ財産を残す「縦」の相続でした。これは、田地田畑を子どもたちに承継させる江戸時代の文化が、明治にできた民法の根っこになっているからです。でも、今のように夫婦で稼いだ財産であれば、夫から妻へ、あるいは妻から夫への「横」の相続でいい。

**本郷**　「縦」の相続だから、節税、節税と言いたくなるのです。「横」の相続だったら節税対策なんてほとんどいらない。

――「人生100年時代」と言われています。前提条件がこれほど変わったのですから、親も子も意識転換が必要ですね。

**本郷**　リタイア後の第二の人生がものすごく長くなりましたから、相続対策より生存対策のほうがずっと大事。事業承継もそうです。寿命が短かった江戸時代は、武士も商人も40代、50代で息子に家督を譲り、隠居しました。今は80歳になっても事業を譲らない方がたくさんいらっしゃる。やっとバトンタッチしたら後継者は60代、70代になっていた、ということも珍しくない。そんなことで会社がこの激動の時代を乗り切れますか、ということです。

**関根**　そのとおりですが、もし社長が60歳で40歳の息子に事業を継がせたら、それが正しかったかどうか、親は死ぬまで見守らなければなりません。事業がうまくいかなかったら、自分の判断を後悔し続けることになる。それも過酷な人生ではないかと思います。私は、子どもに事業承継するのは寿命が短かった時代の話であって、人生100年時代では考え方が違うのではないかと思っています。

## 「人生100年時代」に備えるには、何が必要か

――「人生100年時代」に合わせた制度設計もできていません。社会不安ばかり膨らみそうです。

**関根**　その意味では、年金と預金と収入がないと厳しいですね。預金と収入が資産税、資産管理の領域。ですから、普通の人こそ資産税の知識が必要なのです。昭和の時代は損益計算書でしたが、平成の時代に重要なのは貸借対照表。いくら儲かったかではなく、どのくらい資産を持っているか、です。

――それに加えて「今、幸せか」という指標も加えたいです。

**関根**　そうですね。それは、残りの40年間を豊かに生きるための準備を、どれだけしてきたかにかかってくる。人生は「学ぶ30年」、

「働く30年」、「その後の30年」と言われますが、今日は「その後の40年」と言うべきかもしれません。「その後の40年」を豊かに平穏に暮らすために、その前の60年間をどう生きるかを考えなければならない。その武器が知識であり、財産であり、経験です。ちなみに私は弁護士であり、税理士でもあるけれど、実生活で役立ったのは圧倒的に税理士の知識、特に資産税に関する知識です。資産形成から資産管理、運営、すべてに関わってきますから。

**本郷**　その点では私も同じですよ。お客様はもちろんですが、家族や親戚、友人、すべてのよろず相談引き受け役。それが現場感覚を養うことにもなっている。皆、私が書いている文章のネタ元です（笑）。

## 「働かない40年」を助ける仕事

**本郷**　「役所でたらい回しにされた」とか、「目が悪くて、書類の細かい文字なんかもう読めないよ」とか、「金庫の番号を忘れてしまって開けられない。専門家を頼んで開けてもらうことにしたけど、ひとりじゃ不安だから立ち会ってくれ」とかね。ほんとにリアルに高齢者の困りごとが分かるわけです。こうしたことを手助けする仕事をしていけばいいのだなということが、ビジネス感覚で分かるわけです。

**関根**　そうそう。今までは「働く30年」を助けるのが税理士や弁護士のメインの仕事でしたが、これからは「働かない40年」の平穏を維持することが、私たちの存在価値になるはず。資産税の仕事はそれができますね。

**本郷**　お客様も高齢化するけれど、こちらも一緒に歳を重ねていくわけですから、人生を一緒に歩める。ということは、一生喜ばれる仕事ができる。ありがたい、と思いますね。

――もともと信頼関係ができているうえに、同じ時代を生きていらしたわけですから、お客様からしてもこんな心強く、ありがたいことはないでしょう。

**本郷**　私たちくらいの年齢になると、判断基準は損得ではないです。リゾートホテルのような老人ホームに入っていらっしゃるお客様は、夫婦それぞれが別の部屋で暮しています。奥様は食事の支度もしなくてすむし、「今が極楽だわ」と笑顔です。そういう暮らしのためにお金を使うことに何の抵抗もありません。

**関根**　老人ホームに夫婦別室で入居する。それは究極の贅沢ですね。

## 資産税コンサルは、年齢《よわい》も財産

**関根**　我々の職業では、まさに年齢は財産ですね。

**本郷**　60歳ならば、100歳まで40年もあります。資産の管理や運営から最後の後片付けまでお手伝いすることはたくさんあります。財産債務調書を出すようなお客様の中には、損益計算書と貸借対照表をタクトコンサルティングでお預かりしている方もいます。

**関根**　そういうお客様は人生経験も豊富ですし、語るべき言葉も持っている。そして、お互いに昭和の激動期を生きてきましたから、きっと語らずとも分かる感覚を共有されているでしょう。バブル経済のとき、いろいろ時代の寵児が登場しましたが、残ったのは100人に3人くらい。時代の寵児を真似したり、競争するのは失敗のもとですが、こういう感覚も、昭和の時代を生きてきた人なら直感的に分かります。だから、私は本郷先生と競争しない

（笑）。

**本郷**　資産だけでなく、「語るものを持っている」というのはとても大事ですね。自慢話ではなく、何歳になっても語るものがあったらいいなといつも思っています。関根先生と話していて、化学反応が起こるような考えや言葉を、ね。

**関根**　借り物ではない、自分の言葉や考えが大事ですよね。それをぶつけ合うことから、全く新しい何かが生まれる。

**本郷**　そうです、そこからまた違うものが生まれてくる。その感覚が好きだし、楽しい。

――本を読んで得た知識は借り物ですが、その中のひとつでも自分の中にストンと落ちて、自分の考えと融合して残ったものは語れるような気がします。

**関根**　逆に、自分の中にストンと落ちるところがあるから本が読めるんです。

――ああ、そうか、そうですね。

**関根**　こういうふうに、ストンと腑に落とさせるのが、私の技です（笑）。

## 自問自答せよ、「何を提供できるのか、何に価値があるのか」

――最後に、資産税に関わる若い世代にメッセージをお願いします。

**本郷**　時代は大きく変わります。お客様は知識や情報をタダ同然で、瞬時に手に入れられるようになる。そうした中で「いったい何を提供できるのか」、「何に価値があるのか」を考えなければなりません。答えはありません。自分で考え、自分で挑戦して、自分でつかみとるしかないのです。

――いつも優しい先生とは思えない厳しい言葉ですが、そのとおりですね。

**関根**　変わり続けることです。日々学び、日々新しい情報や知識を手にする努力が必要です。10年前と同じ仕事をしていたら、どの業界でも生き残れません。

**本郷**　変わり続けることは大事ですね。関根先生と今日こうやって話すでしょう。翌日はもう違うことを話している。1週間後はもっとふたりとも進化している。年齢を重ねても、お互いに日々変わっていける。だからおもしろい。

**関根**　ひとつ付け加えると、若い税理士さんはやはり知識を学ばなければなりません。本の知識だけでなく、現場からどれだけの知識を吸収するかが大事です。他人の人生を、これほど深く幅広く知ることができる仕事はほかにありません。人生の深みも人生の起承転結も知ることができる。そういう意識を持って観察していると「人生は必然だ」ということが分かります。だから、自分の必然がどういう将来をつくり出すかを学習するために、人の必然をしっかりと観るべきです。ほかの人の人生を観て、自分の人生を考え抜いてこそ、お客様の人生にもアドバイスできるようになるのだと思います。

**本郷**　こういう話をしてくれるから関根先生と話していると刺激されるし、どんどん発想が膨らむのですよ。

# おわりに

思えばタクトコンサルティングを設立してから、あっという間の40年でした。いろいろな偶然や出会いが重なり、なんとか資産税一本でやってこられました。人が好きで、現場が好きで、だから人間が主役のこの仕事が好きで、無我夢中で取り組んでの40年です。お客様はもちろんのこと、スタッフや社外の多くの協力者に支えられて、ここまで走ってくることができました。

本書のベースとなった税理士新聞の連載は、「吹けば飛ぶよな稼業だが」というタイトルで平成29年1月15日号から1年間に36回掲載されたものです。月に3度の執筆はなかなかのハードスケジュールでしたが、編集者におだてられながら、また読者からありがたい激励をいただきながら、お陰様で完走することができました。連載を支えてくださった皆さまには改めて感謝申し上げます。

書籍化にあたっては、伊藤正一先生、芳賀則人先生、関根稔先生が、それぞれ超がつくご多忙の中で対談にお付き合いくださいました。退屈な私の回顧録がご三方の登場でぐっと引き締まり、格調高いものになりました。司会と構成を担当された太田三津子さんによって話が一段と弾みました。改めてご厚意に心より御礼を申し上げます。

そしてなにより、本書を手に取ってくださった読者の皆様、本当にありがとうございました。本書が多少なりとも皆様の心に残ることになれば、著者としてこれに勝る喜びはありません。

最後になりますが、長年にわたり支えてくれているお客様、取引先、そして社員、さらにタクトコンサルティングＯＢの皆様には感謝してもしきれません。私の仕事人生の力の源泉です。

本当にありがとうございました。

本郷　尚

平成30年4月

●著者紹介

**本郷　尚（ほんごう たかし）**

税理士

株式会社タクトコンサルティング 会長

昭和48年　税理士登録

昭和50年　本郷会計事務所開業

昭和58年　株式会社タクトコンサルティング 設立

平成15年　税理士法人タクトコンサルティング 設立

平成24年　株式会社タクトコンサルティング 会長に就任

不動産活用・相続・贈与・譲渡など資産税に特化したコンサルティングを展開。

また、著書やセミナー等のあらゆる機会を通じて、相続対策の新しい考え方の普及にも力を入れている。

（主な著書）
『相続の6つの物語～資産を使って楽しく生きる「自遊自財」～』（日本経済新聞出版社）
『こころの相続　幸せをつかむ45話』（言視舎）
『継ぐより分ける相続』（タクトコンサルティング）
『女の相続　ｓｉｘ ｓｔｏｒｉｅｓ』（文芸社）
『発想を変えれば人生が変わる　生前相続』（文芸社）
『改訂新版　がんばれ大家さん！』（清文社）
『不動産Ｍ＆Ａ入門』（住宅新報社）
『心をつかめ！ コンサルタント』（住宅新報社）
『ほんもののコンサルタントになる本』（住宅新報社）

資産税《しさんぜい》コンサル、一生道半《いっしょうみちなか》ば　タクトコンサルティングの40年《ねん》

2018年４月25日　初 版 発 行
2018年７月７日　第２版発行

著　者　本郷《ほんごう》　尚《たかし》 ©

発行者　小泉 定裕

発行所　株式会社 清文社
東京都千代田区内神田１－６－６（MIF ビル）
〒101-0047　電話03(6273)7946　FAX03(3518)0299
大阪市北区天神橋２丁目北２－６（大和南森町ビル）
〒530-0041　電話06(6135)4050　FAX06(6135)4059
URL http://www.skattsei.co.jp/

印刷：奥村印刷㈱


■本書の内容に関するお問い合わせは編集部までFAX（03-3518-8864）でお願いします。
＊本書の追録情報等は、当社ホームページ（http://www.skattsei.co.jp）をご覧ください。

ISBN978-4-433-48458-3